高校教師のための

「探究学習」
ガイドブック

Book of Inquiry - Based Learning for High School Teachers

上山晋平 著

明治図書

　この本に興味を持ってくださり，ありがとうございます。学習指導要領で注目を浴びている探究学習。皆さんの学校では，探究の取組は順調でしょうか。

　探究学習は，これまでの一斉授業とは異なる方法も多く，戸惑う部分もあるかもしれません。例えば，こんな疑問が浮かんだことはありませんか。

●「そもそも探究学習って何？　本当はよく分かっていない」
●「なぜ探究をしないといけないの？　意義や目的は？」
●「生徒が問いを作れていない。どうしたらいい？」
●「生徒の探究が進んでいない。どんなサポートをしたらよいの？」
●「探究は労力がかかる。もっと生徒が自走できる方法はない？」
●「探究の評価はどう行うの？」

　このように，「探究学習って，何それ？」と首を傾げた経験は誰しもあると思います。私自身もそうでした。

　しかし，校内で探究の担当になってからは，研修会に参加したり，関連書籍を読んだり，さらには生成 AI にアドバイスまで求めたり。年々，実践しながら毎年100ページ以上の記録を積み重ね，翌年の実践を改善してきました。一言で言えば，探究学習について熱心に「探究」してきたのです。

　この本は，先のような悩みをお持ちの先生方に向けて，以下の２つの特長を持つ「探究のお悩み解決アイデア」をまとめた現場のための実践書です。

●特別な学校ではなく，どの学校にも役立つ内容に（基本から発展まで）
●労力のかかるガチ探究ではなく，取り組みやすい持続可能な探究に

　この本は，これまで得てきた知見を全13章に凝縮しています。探究学習を少しでも持続的に，成果を上げるためのエッセンスが詰まっています。

●探究学習について

　1章　探究学習ガイダンス　2章　探究学習のデザイン

●探究プロセス別のチェックリストとポイント

　3章　探究プロセス別のチェックリスト

　4章　課題の設定　5章　情報の収集　6章　整理・分析

　7章　課題解決策の実行　8章　まとめ・表現　9章　振り返り

●探究学習のアップデート

　10章　アップデート策　11章　チームワーク　12章　日常への応用

●探究学習の評価

　13章　探究学習の評価

　なお，本書における「探究」とは，総合的な探究の時間を中心に示していますが，国は現在，「総合的な探究の時間」と「教科における探究的な学習」の両方の充実を目指しています。この点から，本書の内容は，教科の探究にも役立つヒントを提供しています。

　私は，探究学習を通じて「課題発見・解決力」を身に付けることが，人生や社会の向上につながると信じています。困りごとに直面したとき，本質的な問題を特定し，取り組む課題を明確化し，解決策を検討し，他者と共にその解決策を実行する力は，人生や社会を主体的によくするために必要です。

　本書の完成には，多くの方の支援がありました。勤務校の生徒，髙田芳幸校長先生，大町司教頭先生，教育研究部や同僚の先生方，さらには校外の多くの方々。そして，米田謙三先生，紀平武宏先生，藤原亮治先生，蒲生諒太先生，山口隆志さんには探究プロジェクトで特にお世話になりました。

　本書はどの章から読んでいただいても大丈夫です。先生方の悩みや疑問をサポートする手引き（ガイド）としてご活用いただければ幸いです。

　それではさっそく，探究学習の冒険を一緒に始めましょう！

2024年1月

上山晋平

CONTENTS 目　次

まえがき　002

1章　探究学習ガイダンス

1　「探究」とは？―生徒を主体とした学びの新しい形　008

2　探究学習はなんのため？―目的と目標　012

3　探究学習の特徴とキーワードは？　016

4　学習プロセス上の探究の位置づけは？　018

5　探究プロセスの進め方のイメージは？　020

2章　探究学習のデザイン

1　探究の内容・カリキュラムの作り方　024

2　探究学習の条件とガイドラインの検討　026

3　探究テーマ・課題の設定　028

4　探究のレベルとのバランスの決定　030

3章　探究プロセス別のチェックリスト

1　探究プロセスとは？　032

2　「課題の設定」の「チェックリスト」　034

3　「情報の収集」の「チェックリスト」　036

4　「整理・分析」の「チェックリスト」　038

5　「課題解決策の実行」の「チェックリスト」　040

6　「まとめ・表現」の「チェックリスト」　042

7　「振り返り」の「チェックリスト」　044

4章 「課題の設定」の指導のポイント

1 「課題の設定」のポイント―どうやって生徒の関心を引き出すか？ 046
2 「課題の設定」で「教師が困ること」と「解決テクニック」 050
3 指導事例① 「問題」と「課題」の違いは？ 056
4 指導事例② 問いの「種類」から「具体的な問い」をどう設定？ 058
5 指導事例③ 課題の設定のサポート方法は？ 062

5章 「情報の収集」の指導のポイント

1 「情報の収集」のポイント―信頼性の高い情報の収集のために必要なこと 068
2 「情報の収集」で「教師が困ること」と「解決テクニック」 072
3 指導事例① 「一次資料」と「二次資料」の違いとは？ 078
4 指導事例② 「フィールドワーク」（現地調査）成功のポイントは？ 080
5 指導事例③ 「インタビュー」の効果的な準備とは？ 084

6章 「整理・分析」の指導のポイント

1 「整理・分析」のポイント―情報を整理し，分析する方法とは？ 086
2 「整理・分析」で「教師が困ること」と「解決テクニック」 090
3 指導事例① 思考ツール，使いこなせていますか？ 094
4 指導事例② 「浅い考察」と「深い考察」の違いとは？ 096

7章 「課題解決策の実行」の指導のポイント

1 「課題解決策の実行」のポイント 098
2 「課題解決策の実行」で「教師が困ること」と「解決テクニック」 102
3 指導事例① 課題解決策の実行をどう促すか？ 106

8章 「まとめ・表現」の指導のポイント

1 「まとめ・表現」のポイント―まとめ・表現を行う際に気をつけること　112
2 「まとめ・表現」で「教師が困ること」と「解決テクニック」　116
3 指導事例① 本番発表前に全体の底上げをするには？（スライド内容）　122
4 指導事例② 本番発表前に全体の底上げをするには？（発表方法）　124
5 指導事例③ 校内発表後，次のステップは？（企業発表＋全校発表まで）126

9章 「振り返り」の指導のポイント

1 「振り返り」のポイント―評価を正確に行い，改善の方向性を見出す　128
2 「振り返り」で「教師が困ること」と「解決テクニック」　132
3 指導事例① 振り返りの授業は，どう進める？　136

10章 高度化・自律化を目指した探究学習のアップデート

1 地域・企業と連携して「社会の創り手」を育む　138
2 解決策への飛びつきは避けよう―問題の「本質的な原因」が鍵　140
3 社会で役立つ持続可能な解決策を考える２つのヒント　142
4 探究を高度化・自律化するための具体例　144
5 入門期にオススメの活動―ケースメソッドで商店街の活性化問題に挑む　150
6 探究に３年間取り組んだ生徒が感じた「探究の良さ」と「課題」とは？　154

11章 生徒同士＆教員同士のチームワークのアップデート

1 グループや集団には形成過程がある　158
2 グループ形態別探究のメリット・デメリットは？　160

3 探究学習を指導する教師の悩みと克服法　162

4 同僚との協力体制の築き方　164

5 探究学習における教師の具体的な役割は？（伴走とは？）　166

12章　探究学習の日常への応用

1 教科で探究学習を取り入れるコツ　168

2 修学旅行もプチ探究に（オリジナルガイドブックづくり）　174

3 身近な場面（校内や生活場面）でも課題解決を図る生徒に　178

4 探究学習と進路指導―2つはどうリンクするのか？　180

13章　探究学習の評価

1 「総合的な探究の時間の評価」のポイント　182

2 探究の評価マニュアル―指導要録の記述術　186

参考文献　190

1章　探究学習ガイダンス

1　「探究」とは？—生徒を主体とした学びの新しい形

探究とは何か？（定義の確認）

さっそく探究について考える旅をスタートしましょう。

まず，探究とはなんでしょうか。探究の定義は様々あります。ざっくりまとめると，私は探究とは，「定まった正解がない問いに対して，試行錯誤しながら，納得できる解答を導き出す試み」と考えています（従来の学びは「先生が持っている正解を生徒が学ぶもの」）。

以下，探究の定義をいくつかご紹介します。生徒の発達段階に合わせて，彼らが納得してくれそうな説明を用いるとよいでしょう。

1　文科省による定義

まずは，文科省の定義です。「探究における生徒の学習の姿」を示し，探究についてこう説明しています。

●総合的な探究の時間における学習では，問題解決的な学習が発展的に繰り返されていく。

●探究とは，物事の本質を自己との関わりで探り見極めようとする一連の知的営みのことである。

＊『高等学校学習指導要領解説総合的な探究の時間編』（p.12）

2　堀川高等学校による定義

　次は，探究学習で有名な京都市立堀川高等学校の定義です（堀川高等学校の紀平武宏先生から教わりました）。簡潔で分かりやすい説明です。

> 「用意された答え」がない「問い」に対して，正しいと思われる答えを導き出す営み（京都・堀川高等学校の定義）

3　苫野一徳先生による定義

　苫野一徳先生（熊本大学）による定義も簡潔です。

> 自分（たち）なりの問いを立て，
> 自分（たち）なりの仕方で，
> 自分（たち）なりの答えにたどり着く＝探究型の学び

＊『「学校」をつくり直す』（p.103，123）

4　シンプルな定義（？→！）

　私は次のようにシンプルに説明することが多いです。

> 「？」を作って「！」にする学び

　例をあげると，「広島でG7サミットが行われたのは何年か？」よりも，「広島の観光客を増やすにはどうすればよいか？」といったような問いで，答えが一つではない課題を探っていくものです。

探究とは何か？
❶「用意された答え」がない「問い」に対して、 　正しいと思われる答えを導き出す営み <div align="right">（京都市立堀川高等学校の定義）</div>
❷自分（たち）なりの問いを立て、 　自分（たち）なりの仕方で、 　自分（たち）なりの答えにたどり着く 　＝「探究型の学び」 <div align="right">（苫野一徳『「学校」をつくり直す』(p.103、123)）</div>
❸「？」を作って「！」にする学び

類似語との違いは？

　「探究」という言葉には類似語があり，迷うことがあるかもしれません。「探究」「探求」「研究」「課題研究」……。それぞれ何が違うのでしょうか。

1　探究

　辞書では，「物事の真の姿を探って見究めること」とされています（広辞苑）。具体的には，物事の意義や本質を探しながら究める行為を指します。

　探究学習では，生徒が自分で問題やテーマを設定し，情報の収集や分析，提案などのプロセスを自己主導で進めます。例として，生徒が自分の地域で高齢者の孤独問題を調査し，解決策を提案するプロジェクトなどです。この活動の中心は，問いを設定し，自らの答えを見つけ出す過程にあります。

2 探求

　広辞苑では,「ある物事をあくまで探し求めること」と定義されています。探求は, 特定の目的や意義を追求する行為を指します。「人生の意義を探求する」や「幸せを探求する」などの使われ方になじみがあるかもしれません。

　「探究」と「探求」という語は, しばしば同じ意味で使われることもありますが, 文科省の定める教育では「探究」という言葉が用いられています。

3 研究

　研究は, 特定の問題や課題に対し, 理論や実験を用いて詳細に調査を行い, 新たな発見を目指す活動を指します。一般的には, 探究よりも専門的な知識やスキル, 長期の時間, そして厳格な研究倫理が求められます。

4 課題研究

　生徒が自分でテーマを設定し, それに基づいて調査や研究を行う学習活動です。一般的に,「研究」に対して,「課題研究」は教育の文脈で, 特に学校の中で生徒が自らの課題を設定して進める研究活動を指しています（自由研究と比べて,「社会や学術の課題」や「自分の進路」との関係を重視し, 正しい調査や実験手法で実施することに重点がある（岡本, 2021））。

　こうした説明は一例であり, 他にも様々な解釈や説明が可能です。

　探究学習を進めるに当たっては, ここまで見てきたように探究という言葉の定義を同僚・生徒とそろえておくことが大切です。p.8で見たように, 探究的な学びとは, 不確定な状況（もやもや）を晴らそうと試行錯誤しながら学ぶことです。

2 探究学習はなんのため？―目的と目標

　探究は，いったいなんのために行うのでしょうか？　この問いはつい飛ばしがちですが，総合的な探究の時間の目標は，各学校で定めることとなっています。以下1～4のように，多くの説明が可能です。

1　課題を発見し解決するための力をつけるため

　「総合的な探究の時間」の公式な目標（高等学校）から見てみましょう。

探究の目標（学習指導要領）

第1目標　探究の見方・考え方を働かせ，横断的・総合的な学習を行うことを通して，自己の在り方生き方を考えながら，よりよく課題を発見し解決していくための資質・能力を次のとおり育成することを目指す。

(1)探究の過程において，課題の発見と解決に必要な知識及び技能を身に付け，課題に関わる概念を形成し，探究の意義や価値を理解するようにする。

(2)実社会や実生活と自己との関わりから問いを見いだし，自分で課題を立て，情報を集め，整理・分析して，まとめ・表現することができるようにする。

(3)探究に主体的・協働的に取り組むとともに，互いのよさを生かしながら，新たな価値を創造し，よりよい社会を実現しようとする態度を養う。

（＊太線の囲みは引用者による）

　この目標は，大きく2つの部分から成り立っています。1つは，「学びのプロセス」（前半部分）です。

　もう1つは，後半の「育成を目指す資質・能力」です。要は，生徒が自ら問題を見つけて解決する力，いわゆる「課題発見・解決力」を高めることが主なねらいです。生徒にも時々，「探究は，課題発見・解決力を身に付ける練習だよ。人任せにせず，自分で動いてその力を伸ばそうね」と伝えてもよ

いでしょう。

2 持続可能な社会の創り手になるため

　「どんな大人に育ってほしいのか」を考えることも有効です。すべての公立学校（小中学校）が目指すべき「生徒（児童）像」というものがあります。学習指導要領の「前文」に書かれているものです。

　それが，「持続可能な社会の創り手」の育成です。正解がないと言われる時代に，探究に熱心に取り組むことは，知識・技能を活用して自ら課題を発見し，多様な他者と様々な課題の解決を図ることで，「持続可能な社会の創り手」に必要な資質・能力の育成につながり，社会の発展にも貢献するのです（詳細は下図下部参照）。

　校外での探究を経験すると，調査したり，課題解決策を考えたり，地域課題解決のための実行へのハードルが下がります。こうした身近な課題や社会課題を解決する動きを主体的にとれる人（持続可能な社会の創り手）が日本全体で増えると，大きなプラスの変化が生まれそうです（探究は，教育や人を変える可能性があります）。

探究は何のため？（目的）

●持続可能な社会の創り手になる

＊全ての学校の教育の理念

これからの学校には，（中略）一人一人の児童（生徒）が，自分のよさや可能性を認識するとともに，あらゆる他者を価値のある存在として尊重し，多様な人々と協働しながら様々な社会的変化を乗り越え，豊かな人生を切り拓き，**持続可能な社会の創り手**となることができるようにすることが求められる

（出所）学習指導要領(2017)の「前文」　＊前文＝「改訂の理念」を明確にし，社会で広く共有するため

探究に熱心に取り組むことは，「持続可能な社会の創り手」として必要な資質・能力の育成につながり，社会の発展に寄与することにつながる。

例）「問題解決能力」（社会創生には，現実問題への解決策の発見と実行が必要）
例）「協働とコミュニケーション能力」（多様な人との協働・連携が不可欠）
例）「地域との連携」（プロジェクト等で地域社会への貢献・参加意識を育む）
例）「創造性」（新たなアイデア創出は，社会課題の解決に不可欠）

3 よりよい社会を創るのに必要な能力を身に付けるため

「どんな大人に育ってほしいのか」を考えた後は,「そのような人になるには, どのような資質・能力が必要か」を考えることも大切です。

情報化, グローバル化, AIの進展で今後特に求められる力は, 機械に代替され難い「コミュニケーション能力」「批判的思考力」「問題解決能力」「創造性」「協働性」「自己管理力」「チームワーク」などと言われています。こうした力を「本校で特に育てたい資質・能力」として設定されている学校も多いでしょう。これらを活用して,「なぜ探究をするのか?」と生徒や教員と話し合うときには,「私たちの学校で育てたい資質・能力を育てるため」と答えることができます。

探究を通して生徒は確かに成長します。従来の座学だけの学びでは弱かった「主体性」や「協働性」「地域との連携」「解決策の実行」などを探究を通して伸ばすことができます。

4 社会の課題発見・解決力育成のため

「なぜ探究が必要なのか」という質問に答えるのに, 参考になる興味深い資料があります。「学校の勉強と社会の課題解決の違い」(立教大学・中原淳教授作成, 次頁図参照)です。例えば, 次のように話します。

「学校での賢さと社会での賢さ, つまり課題解決の定義は大きく違うんです。例えば, 項目③『(課題を)解いている間は?』では, 学校では『無言』でテストを解くのが正解。テスト中に人と相談すればカンニングです。でも, 実社会では, コミュニケーション(人と話して解決する)能力が評価されるのです」

図の項目①〜⑤のすべてに触れた後に, 大人のリアル社会の枠(□)を指しながら語ります。「探究学習は, こういった『社会で役立つ賢さ』を養うためのものなのです」。多くの生徒がこの説明にうなずいてくれます。

「学校の勉強」と「社会の課題解決」の違いは？		
	教育機関	大人のリアル社会
①どんな課題がでるか？	指定された出題範囲から=課題は与えられる	出題範囲はない=課題を自分たちで提案する
②誰ととくか？	ひとりでとく (テスト)	職場のメンバーみんなでとく
③（課題を）解いている間は？	無言=相談すればカンニング	コミュニケーションしまくり=相談すれば褒められる
④道具は？	鉛筆とケシゴム	コンピュータを含めて何でも使う
⑤わからなければ	教えてくれる先生がいる	フィードバックをくれる人を自分で探す

＊学校と社会で「賢さ」が違う。
＊学校とリアル社会で「大きな段差」。それを探究で埋める。

（出所）中原淳（立教大学教授）http://www.nakahara-lab.net/blog/archive/8856

　私はここまでを踏まえ，探究学習の目的は，人生や社会をよりよくするための課題発見・解決力の育成と考えています。

5　探究に取り組む教師にもメリットが

　もちろん，探究活動に取り組むことで，教師にもメリットが多くあります。

●座学では見えない，生徒の頑張りを目にできる(行動力，プレゼン力など)
●校内では出会えない人（行政，企業，団体）や場所に出会える
●「社会の創り手の育成」を担えている感覚を持てる（教育の大義の実感）
●教師にも課題発見・解決力がつく
　（地域社会の課題を知り，考えることで課題の設定等の工夫に役立つ）
●教科での探究的な学び（探究的な教科学習）のスキルが身に付く

　探究は，生徒だけでなく，教師，そして社会にも価値ある活動なのです。

3 探究学習の特徴とキーワードは？

1 探究学習の特徴

　「探究学習ってなんだろう」「どう進めるの？」と疑問をお持ちの方は多いでしょう。それは，探究学習が従来の教科書中心の学びとは大きく異なるからです。学習指導要領解説を中心に，探究学習の骨格をご紹介します。

①生徒自らが課題を設定し，主体的に学ぶ

　探究学習では，生徒が自分で課題を設定し，それに取り組むものです。興味や関心に基づいて調査や実験を行うことで，ただ知識を得るだけでなく，主体性や問題解決能力も鍛えることができます。

②教師はサポーター：生徒が探究プロセスを回すのを教師がサポートする

　教師は，以下の探究プロセスにおける「伴走者」のように，生徒が主体的に取り組むのをサポートする役割を担います。生徒自らがより深く理解できるように，情報の収集方法や分析方法などについてアドバイスします。

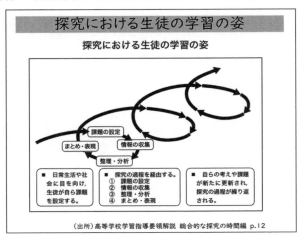

（出所）高等学校学習指導要領解説 総合的な探究の時間編 p.12

2 探究学習のキーワードを理解する

　探究学習を進める際に，重要なキーワードがあります。それらの意味や使い方を，「まちづくり」をテーマとした探究を例に見てみましょう。

用語	意味・使い方
テーマ	何に焦点を当てて探究するか。「〜について探究する」の「〜」部分。
問題	探究学習の対象となる困難や問題点。この問題を解決するために情報を集め，分析し，考えることになる。 例）問題の一つは，まちの中心部の過疎化だ。
課題	特定の問題を解決するために達成すべき目標・取組。 例）過疎化が進むまちの中心部の活性化（どう活性化させるか）。
問い	漠然とした疑問を「？」で終わる疑問文の形で示したもの。 例）過疎化が進むまちの中心部をどう活性化できるのか？
仮説	問いや問題に対する「予想される仮の答え」。通常，先行研究や事例の収集と分析の後に立てる。 例）地元産品を活用したイベントを定期的に開催することで，観光客を増やし，まちの中心部を活性化させることができる。
実行	計画された行動の実施。実験の設定，新たなデータの収集，または解決策の実施を含む可能性がある。 例）地元産品の活用イベントの企画案を作成し関係者に提案する。
検証	仮説が正しいかを確認するプロセス。実験，観察などを含む。 例）他地域で同様のイベントを行った結果を調査し，効果を分析する。また，地元産品を活用したイベントの計画を立て，実施可能性を調査する。
考察	結果を解釈し，仮説の正当性を評価するためのプロセス。さらなる問いや仮説を生成する基盤となる。 例）他地域の事例研究と自地域での実施可能性の調査から，地元産品を活用したイベントが過疎化改善の有効手段と考えられる。

＊岡本尚也編著『課題研究メソッド　2nd Edition』（啓林館）等を参考に上山が例を加筆して作成

4 学習プロセス上の探究の位置づけは？

1 習得➡活用➡探究について

「探究って何？」と感じられている方は，「学習プロセス」の理解から始めるとよいでしょう。もともと「探究」という語は，「習得」「活用」「探究」というセットの文脈からきています（学力の3要素に対応した行政用語）。

安彦（2014）を参考に加筆し，この3段階を整理します（同書では「活用」の幅が大きいため2段階に分けていますが，ここでは1段階で示しています）。

	習得	活用	探究
目的	基本的な知識や技能の習得	習得した知識や技能の実践的な活用	自分で問題を見つけ，解決する能力の育成
内容	教科書や指定された資料からの学習	実社会に関連した問題演習や解決活動	複雑な課題に対する探究と解決策の提案
たとえ	レシピ本を読み，調理方法や食材を覚える	覚えたレシピで工夫して料理を作る	自分で新しい料理を考えてレシピを作る
方法	教師中心の指導で，一方的な情報伝達が主	生徒と教師が半々に関わる形（半誘導的）	生徒主体の学びで，教師はガイド役
評価	テストや小テストによる理解度の評価	知識の実践的な活用の程度	探究プロセス，解決策の創造性，協働など
利点	基礎知識の確実な習得	実践的なスキルの習得，協働学習の経験	批判的思考力，創造性，主体性の育成
欠点	創造性や批判的思考力が育まれにくい	基礎知識不足だと効果的でない場合もある	指導が難しく，生徒間で学びの格差もある

基本的に，習得・活用は教科内の学習を，探究は総合的な探究の時間の学

習を指します。教科での探究的な学習については p.168以降をご覧ください。

　中には,「なぜ探究まで必要なの？」とお考えの先生方もいらっしゃるかもしれません。そうしたときに使える, 他の先生も納得されるように具体的なセリフの形で説明する文を提案します。内容は次の2点です。

> ・「習得・活用・探究」のプロセスで, 探究まで目指す必要性とは？
> ・「習得・活用・探究」のたとえ（レシピ）とは？

【同僚の先生に向けた「学習プロセス」の説明の例】

　先生方, 今日は学習プロセスにおける「習得」「活用」「探究」の3つのステップについて, 考えてみましょう。

　最初に「習得」です。これは, 新しい知識や技術を習得する基礎段階です。教科書や授業を通じて必要な基本知識を身に付けるのです。料理でたとえるなら, レシピ本を読んで調理方法や必要な食材を覚える段階がこれに当たります。例えば, 炒め物にはどのような油を使うべきなのか, どの温度でどれくらいの時間調理すればよいのかといった基本的な知識を習得します。

　次に, 「活用」です。ここでは, 習得した知識やスキルを具体的な目的に応用します。料理でいえば, 覚えたレシピに少し工夫を加えて, 新しい料理を作るステップです。例えば, 基本の煮物レシピに別の野菜を加えてみたり, スパイスを変えてみたりするのが活用の範疇です。

　最後に, 「探究」です。これは生徒自ら新しいアイデアを考え, それを実現する段階です。料理の世界でいうと, 自分で新しい料理を考案し, レシピを作成することが「探究」に該当します。

　「習得」と「活用」は学習の基本ですが, 現代社会は急速に変化しており, 新しい問題に直面することが多くなっています。そのためには,「探究」の力も欠かせません。自分で新しいアイデアを考え出し, それを形にする力を育てることで, これからの時代を生き抜くための力を身に付けていきましょう。

---

5 探究プロセスの進め方のイメージは？

　探究学習の成功の鍵は「探究プロセス」にありますが，生徒にその具体的な内容がすんなりと伝わるものではないかもしれません。そこで，探究プロセスの理解に役立つ資料を2つご紹介します。

1　探究プロセス別の探究レベル

　この資料は，探究の各プロセスにおける「具体的なレベル」や「段階」を示しています（pp.21-22参照）。初級，中級，上級というレベル別に，それぞれ何を達成すればよいのか，どのような内容を取り組むべきかという一つの目安をまとめています。

　さらに，具体的なテーマ「まちづくり」を例に，各レベルでの取り組み方の違いを比較表で示しています。

2　文系探究と理系探究の違い

　学校の探究学習では，テーマの選び方によって「文系探究」（社会的な課題や人文・社会科学）と「理系探究」（自然科学・数学）があります。

　学校全体で「地域づくり」などの文系的なテーマを選択する場合もあるでしょう。一方で，理系のテーマに興味を持つ生徒も少なくありません。理系探究では，専門的な知識や実験設備が求められることもありますが，初級レベルでの取組は十分に可能です。この2つのアプローチの違いと特徴については，p.23で詳細な資料で説明しています。

「探究プロセス」の進め方に違いはあるのか？（プロセス別の探究レベル）

（1）探究プロセス別の探究レベル

探究プロセス（課題の設定➡情報の収集➡整理・分析➡課題解決策の実行➡まとめ・表現➡振り返り）は分かったとして，その望ましい取組内容は，どのようなものでしょうか。探究プロセスごとに参考レベルをまとめます（例です）。

プロセス	初級レベル	中級レベル	上級レベル
課題の設定	他者のサポートを受けて，テーマの設定や問いの立案をする。	テーマや問いの設定に自主性を持ち，創造性を発揮する。	独自のテーマや問いを設定し，深い洞察を持った探究を行う。
情報の収集	指定された情報源から情報収集を行う。	一次資料や二次資料を適切に活用し，情報収集を行う。	豊富な一次資料や二次資料を収集し，情報の信頼性を評価する。
整理・分析	整理・分析を基本的な方法で行い，簡単な結論を導き出す。	複数の視点やデータを用いて分析し，結果を論理的に解釈する。	複雑なデータ分析を行い，統計やグラフなどを使って結果を示す。
課題解決策の実行	提案やアウトプットは指示された基本的なフォーマットに従って行う。	解決策の提案やアウトプットに自分の考えを反映させる。	創造的で効果的な提案を行い，独自のアウトプットを作成する。
まとめ・表現	提案やアウトプットを基本的なフォーマットでまとめて表現する。	自主的に選択した形式で成果を表現し，他者と共有する。	独自の形式で成果を表現し，広く共有する。
振り返り	探究プロセスについて振り返り，改善点を特定する。	探究プロセスについて振り返り，次のステップに向けた計画を立てる。	自分の学びや成長について評価し，次のステップを考え，新たな課題を見つける。

* 一次資料：オリジナルの情報源。出来事，経験，考えなどを直接伝えるもの（日記，インタビュー，政府文書等）
二次資料：一次資料を基に解釈や評価がなされた情報源（学術論文，書籍の解説，新聞や雑誌の記事）

こうしたルーブリックを先に示すことで，どのような取組をすればよいのか生徒は参考にできます。また，探究学習における成果を客観的に評価することにも使えます。

（2）具体的な取組内容

次に，実際に探究を進める際に，各プロセスでどのような取組ができるのでしょうか。
「まちづくり」をテーマとして，探究プロセス別の取組例を紹介します（あくまで参考としての一例です）。

プロセス	初級レベル	中級レベル	上級レベル
課題の設定	①「まちづくり」についての基本的な理解を深めるために，自分の住んでいる地域の特徴や課題について調査する。 ②「まちづくり」に関連する専門用語や概念を学び，それを用いて自分の地域のまちづくりについての問いを立てる。	①自分の地域におけるまちづくりの課題を特定し，その解決策を検討するために，住民アンケートや地域イベントの参加などを通じて多様な意見を収集する。 ②自分の地域のまちづくりについて，他の地域と比較してみて，共通する課題や特徴を見つけ出し，それに基づいて具体的な課題設定を行う。	①自分の地域におけるまちづくりの成功事例や失敗事例を調査し，それらの事例を元に自分なりのまちづくりのビジョンを考える。 ②現代のまちづくりにおける新たな課題やトレンドについての専門家の論文や報告書を読み，自分の地域にどのように影響を与えるかを考察し，それに基づいて独自の課題設定を行う。

情報の収集	③地域のまちづくりに関する基本的な情報を地域の公共図書館やインターネットの一般的な情報源から収集する。 ④地域住民の意見を聞くために，アンケート調査やインタビューを行い，その結果をまとめる。	③地域のまちづくりに関する専門家の論文や報告書などの二次資料を収集し，それを分析して現状の課題やトレンドを把握する。 ④地域のまちづくりに関連する過去のプロジェクトや事例を調査し，その成功要因や失敗要因を分析する。	③地域のまちづくりに関する一次資料として，地域住民の手紙や日記，地域イベントの写真や動画などを収集し，地域の歴史や文化に対する理解を深める。 ④地域住民とのコミュニケーションを重視し，インタビューやワークショップを通じて，地域の課題やニーズを直接聞き取る。
整理・分析	⑤まちづくりに関する基本的な情報を整理し，まちの歴史や地理的な特徴，人口統計などのデータをまとめる。 ⑥まちの問題点や課題を洗い出し，それに対する簡単な解決策を提案する。	⑤まちづくりに関連する複数の視点からデータを収集し，まちの課題や可能性を詳細に分析する。例えば，交通インフラ，公共施設，地域の文化などの視点から情報を整理する。 ⑥まちの課題に対する地域住民の意見を取り入れて分析し，解決策を論理的に構築する。	⑤まちづくりに関連する複雑なデータを収集し，統計やグラフなどを使ってデータの傾向や相関関係を分析する。例えば，地域の経済成長と人口増加の関係をデータで示す。 ⑥まちの課題に対する独自の視点を持ちながら，複数のデータや情報を総合的に考察し，より深い洞察を得て解決策を提案する。
課題解決策の実行	⑦地域のまちづくりに関する課題を洗い出し，その改善策をプレゼンテーションの形式でまとめる。 ⑧小規模なまちづくりプロジェクトに向けたポスターやチラシを作成して広報する。	⑦地域のまちづくりに対する自分の提案を，デジタルマップや3Dモデルを使って具体的に可視化し，インタラクティブな形でプレゼンテーションを行う。 ⑧地域のまちづくりに関する問題解決のためのプロジェクトチームを結成し，共同で改善プランを立案し，その成果を報告書としてまとめる。	⑦地域のまちづくりに関する独自のアイデアをデザインやアートを使って表現し，地域イベントや展示会で発表する。 ⑧地域住民と連携し，まちづくりに対するアプローチをデザインし，実際に地域で実行するプロジェクトをリードする。例えば，公園やコミュニティセンターのリニューアル，地域イベントの企画など。
まとめ・表現	⑨まちづくりに関する提案やアウトプットを基本的なフォーマット（レポートやプレゼンテーションなど）でまとめて表現する。 ⑩まちの課題や解決策について簡潔にまとめたポスターなどを作成し，他の生徒や教師と共有する。	⑨まちづくりに関する提案やアウトプットを自主的に選択した形式（プレゼンテーション動画など）で表現する。 ⑩まちの課題や解決策について，地域住民に向けて開催するイベントやワークショップで発表し，他の地域住民と共有する。	⑨まちづくりに関する提案やアウトプットを独自の形式（ウェブサイト，アプリケーション，美術作品など）で表現する。 ⑩まちの課題や解決策について，まちの行政機関や関連団体に提案書や報告書として提出し，広く共有する。
振り返り	⑪探究プロセスについて振り返りを行い，自分が興味を持ったテーマや問いを特定する。 ⑫探究の過程での情報収集や整理・分析において，課題や困難を特定し，改善点を考える。	⑪探究プロセスについて振り返りを行い，探究の成果を評価し，次のステップに向けた計画を立てる。 ⑫探究の過程での情報収集や分析において，より深い洞察を得るための新たな方法や情報源を見つける。	⑪自分の学びや成長について評価し，探究の過程で身に付けたスキルや知識を振り返る。 ⑫探究の成果や提案に対して，自己評価や他者からの評価を受け入れ，新たな課題や研究の方向性を見つける。

【文系探究と理系探究の違い】

探究プロセスの進め方（文理探究別の具体例）

探究の進め方に悩んだら、「探究プロセス」ごとの事例を参考にしてみましょう。
＊常に「探究プロセス通り」に進むわけではありません。行きつ戻りつしながら進むのが一般的です。

1 課題の設定（複雑な問題状況から自ら課題を設定する。仮説や検証方法を考え計画を立案する）
2 情報の収集（具体的な問題について情報を収集する）
3 整理・分析（関係を把握し考察して考えを形成する）
4 課題解決策の実行（考えた解決策を実行して検証する）
5 まとめ・表現（考えや意見を論理的に表現する）
6 振り返り（進め方等を振り返り今後に活用する。新たな課題を見つけ問題の解決を開始する）

【具体的な進め方（例）】

		文系探究の例（テーマ：まちづくり）	理系探究の例（テーマ：太陽光発電）
1	課題の設定	❶テーマを「まちづくりにおける地域の課題と可能性」と設定します。 ❷問いの設定：「地域のまちづくりにおいて、どのような課題が存在し、どのような可能性があるのか？」という問いを設定します。 ❸仮説の立案：リサーチから得られた情報を基に、地域の課題に対する仮説やアプローチを立案します。	❶テーマを「太陽光パネルの効率向上に向けた研究」と設定します。 ❷問いの設定：「太陽光パネルの効率を向上させるためには、どのような要素が重要なのか？」という問いを設定します。 ❸仮説の立案：リサーチから得られた知識をもとに、太陽光パネルの効率向上に関する仮説を立案します。
2	情報の収集	❹地域の現状や歴史、文化、社会課題に関する情報を収集します。地域の住民や専門家とのインタビューや調査、過去の統計データなどを活用します。 ❺仮説検証のために必要なデータや情報を収集します。	❹太陽光エネルギーについての基本的な知識を背景調査として行います。太陽光パネルの仕組みや効率の影響要因を学びます。 ❺仮説検証のために必要なデータや情報を収集します。
3	整理・分析	❻収集したデータを整理し、地域の課題と可能性を分析します。情報をグラフや表にまとめ、地域の特性や問題点を把握します。	❻収集したデータを整理し、分析します。各材料の太陽光パネルの効率を数値化し、結果をグラフや表にまとめます。
4	課題解決策の実行	❼地域の課題に対する具体的な解決策やアプローチを考案します。地域住民や関係者と協力し、実際に解決策を実行するための計画を立てます。 ❽実際に解決策を実行します。	❼実験計画の立案：仮説を検証するための具体的な実験計画を立案します。例えば、異なる材料で作られた太陽光パネルの効率を比較する実験を計画します。 ❽実験の実施：立案した実験計画に基づいて、実際に実験を行います。異なる材料で作られた太陽光パネルを設置し、効率を計測します。
5	まとめ・表現	❾実行した解決策の結果をまとめ、成果を表現します。地域の課題への取組とその結果をレポートやプレゼンテーションでまとめます。	❾実験の結果を考察し、仮説が成り立つかどうかを判断します。もし仮説が成り立っていた場合は、その要因やメカニズムについて考察します。 ❿最終的な結論を導き出し、太陽光パネルの効率向上に向けた具体的な提案やアプローチを考えます。 ⓫探究学習のプロセスと結果をレポートやプレゼンテーションでまとめます。
6	振り返り	❿探究学習のプロセスを振り返り、取り組んだ課題や解決策の評価を行います。学び取ったことや課題を洗い出し、今後の地域への貢献に向けた計画を立てます。	⓬探究学習のプロセスを振り返り、自身の成長や学び取ったことを考えます。課題や問題点を洗い出し、今後の学びに活かすための計画を立てます。
	特徴	文系探究においては、地域の課題や社会問題に感受性を持ち、調査や分析、提案といったスキルを活用しながら、地域との共創を図ることが重要です。地域の声に耳を傾けながら、地域の発展や問題解決に向けたアクションを起こす力を身に付けることができます。	科学的な問いを立て、実験を行い、データを分析し、論理的な結論を導く能力を身に付けるとともに、太陽光エネルギーについて深く理解し、持続可能なエネルギーに対する意識を高めることができます。

2章 探究学習のデザイン

1 探究の内容・カリキュラムの作り方

　2章では，探究学習のカリキュラムづくりに焦点を当てましょう。

　「教科」の目標と内容は学習指導要領で決まっていますが，探究の場合は，目標と内容は各校で定めることになっています。

　では，探究のカリキュラムは，どう設計すればいいのでしょうか。

　ここでは，酒井（2023）の考察を基に，カリキュラムづくりの開始点「目的の設定」から入りましょう（探究学習の具体的な条件設定は次項参照）。

1　探究学習の WHY（目的）を固める

　探究学習を行う上で，まず「なぜ探究学習が必要なのか」という基本的な問いに答えることは欠かせません。この理由があいまいだと，探究学習がただの「やらされ探究」になりかねません。明確な目的を他の先生や生徒と共有することで，適切な方法の選定や改善が可能になります。

　上掲書によれば，探究のカリキュラムを考える前に，探究学習の目的に関連する3つの質問に答えることを推奨しています。

> ●「なぜ新学習指導要領では探究を重視しているのですか？」
> ●「あなたの学校ではなぜ探究に取り組むのですか？」
> ●「あなたはなぜ探究に取り組んだ方がいいと思うのですか？」

　これら3つの質問に対して自分で考え，さらに同僚とチームで議論することで，探究学習の質を高める力となるでしょう。皆さんは，どうお考えになりますか？（ヒントは本書1章にありそうです）

　探究を通してどのような姿を目指すのかを一致させることで，なんのため

に活動を行っているのかも分かり，皆が納得して取り組みやすくなるでしょう。

2　探究の目的が明確になった後でカリキュラムを策定する

カリキュラム策定の流れは，以下の通りです。

ア）「目的を明確にする（なぜ探究に取り組むのか）」
イ）「特に育成したい資質・能力を特定する」
ウ）「制限時間内で実現可能な成果物」を検討する

3　「基礎から応用へ」という考え方を避ける

通常の教科授業では，「基礎から応用へ」という流れが一般的ですが，探究学習では，最初から課題に取り組み，基礎的な部分も実践しながら学びます。泳げるようになってからプールに入るのではなく，プールに入りながら泳ぎ方を学ぶようなイメージです。

4　最低ラインは高くしない

「コンテストの全国大会出場」や「大学の卒業論文レベル」などの高い目標も立てられますが，時間は有限です。単位認定できる「最低限達成すべきこと」は手の届く範囲にしましょう（成果物を出せばOKなど）。

5　2つの評価（成果）を考える

探究学習の主な成果は2つです。「生徒の成果物」（論文やプロジェクトなど）と「生徒の成長」（探究プロセスを通して，自分の弱点に気づいて克服し，得意をさらに伸ばす過程）です。たとえ成果物等で課題解決につながらなくても，生徒の「課題発見・解決力」等が伸ばせたかどうかが大切です。

2 探究学習の条件とガイドラインの検討

1 探究学習の条件：一例としての具体的なステップ

　探究活動を計画する際は，各学校の目標や生徒の発達段階に応じて，事前に具体的な条件設定を行うことになります。

　例えば，ある高校2年生の個人探究（「夢プロジェクト」）では，次の7つのステップで条件を設定しました（一事例としてご覧ください）。

①探究形式の選択

　「個人探究」か「2～3人のグループ探究」を生徒は選択します（探究の人数によるメリット・デメリットについては，p.160参照）。

②探究テーマ・課題の選定

　「やらされ探究」を避け，探究を自分事化するため，テーマや課題は，以下の5つ（ア～オ）を踏まえて課題を自ら設定することにしました。

> ア）「興味・関心」があり，
> イ）「自分の進路希望」とも重なり（キャリア形成に資する），
> ウ）「社会的な課題」でもあり（SDGs に関連），
> エ）「期限内に取り組め」（実用性），
> オ）できるだけ「課題解決型」の問い（どうしたら～できるか）とする。

③探究の方向性を決める

　探究は大きく3種類あります（融合型も多い）。「課題解決型」（例：地域の空き家対策），「知的発見（研究）型」（例：歴史や文学研究，科学実験），「創造（ものづくり）型」（例：映画・舞台制作）です（苫野，2019参考）。

④情報の収集

　情報の収集においては，次の2つ（ア～イ）の条件を満たしましょう。

> ア）「一次資料」と「二次資料」の両方を扱う。
> 　（一次資料と二次資料の違いは，pp.78-79を参照）
> イ）信頼性の高い参考文献（論文・書籍・新聞等）を使用する。
> 　ネット検索のみは認めません。

⑤「調べ学習」で終わらず，（解決策の）「提案」と「実行・検証」までを行う（p.30参照）

　社会貢献系の探究では「外部連携」を入れ，学術系の探究では「新規データや解釈」を目指しましょう（参考：山形県立山形東高等学校の実践）。

【社会貢献系の例】（詳細は p.102参照）

　「慈善団体や NPO に参加し，社会的問題の解決に取り組む」「環境問題に取り組み，自然環境の保護や持続可能な開発を推進する」など。

【学術系の探究活動の例】（詳細は p.103参照）

　「新しい発見をするために実験や観察を行い，データを分析する」「社会現象を研究し，人々の行動や意識の背後にある理由を探究する」など。

⑥発表

　発表は3回以上行います（中間発表＋クラス発表＋グループ別発表）。これによりよい事例とモチベーションの共有が可能になります。

⑦自走の促進

　今年の探究の目標は，生徒が「自走」できることです。教師の役割は「進捗確認」「安全確認」「一緒に悩む」「外部連携の補助」などです（ただし，悩んだ場合などは積極的に相談しましょう）。

　このように条件を適切に設定することで，探究学習がその時々の生徒にとっても教師にとっても有意義なものになるでしょう。

3 探究テーマ・課題の設定

1 テーマや課題の設定

　探究学習を行う際のテーマや内容は，どう決めたらよいでしょうか。この疑問に対し，『高等学校学習指導要領解説　総合的な探究の時間編等』と佐藤（2021）は，横断的・総合的な内容を提示しています（右頁参照）。

　これらの例を参考に，各学校で検討するとよいでしょう。

　筆者の勤務校では，1年生では，地元企業にリアルな課題を寄せてもらい，その中から生徒が選択してグループで取り組みます（教師提示・生徒選択型）。2年生では，興味・関心に基づき自由に課題を決めます（生徒選択型）。3年生では，自己の進路に関する課題に取り組みます（生徒選択型）。

　一方，1年生から自由に課題を選び，繰り返し向上を図る方法もあります。

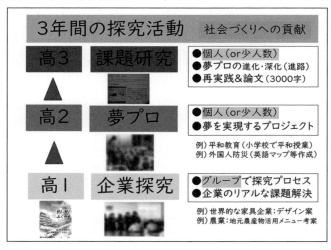

【探究テーマ・課題の内容分類型】

型	例	特徴
❶生徒の興味・関心に基づくテーマ・課題	【悩み，疑問，関心，趣味，好きなこと】 □文化の流行の創造や表現（文化の創造） □変化する社会と教育や保育の質的転換（教育・保育） □生命の尊厳と医療や介護の現実（生命・医療）	・生徒の動機づけをしやすい ・教師が指導しやすい ・浅い探究学習になる可能性がある ・先行研究を見つけにくい ・グループでの取組には工夫が必要
❷職業や自己の進路に関する課題	【将来就きたい仕事や進学先に関して知りたいこと，疑問】 □職業の選択と社会貢献及び自己実現（職業） □働くことの意味や価値と社会的責任（勤労）	・生徒の動機づけをしやすい ・将来実際に直面するものであり有用度が高い ・社会課題や学問に関心の低い生徒でも取り組みやすい
❸地域や学校の特色に応じたテーマ・課題	【●●市の課題，●●商店街の課題】 □地域活性化に向けた特色ある取組（まちづくり） □地域の伝統や文化とその継承に取り組む人々や組織（伝統文化） □商店街の再生に向けて努力する人々と地域社会（地域経済） □安全なまちづくりに向けた防災計画の策定（防災）	・生徒にとって身近な内容となる ・同じ地域内にフィールドがあるので調査がしやすい ・グループで取り組みやすい
❹横断的・総合的な課題（現代的な諸課題）	【SDGs に関する諸課題，未来社会の諸課題】 □外国人の生活者とその人たちの多様な価値観（国際理解） □情報化／科学技術の進展とそれに伴う経済生活や消費行動の変化（情報／科学技術） □自然環境とグローバルな環境問題（環境） □高齢者の暮らしを支援する福祉の仕組みや取組（福祉） □心身の健康とストレス社会の問題（健康） □社会生活の変化と資源やエネルギーの問題（資源エネルギー） □食の問題と生産・流通過程と消費行動（食）	・資料などが豊富にある ・将来実際に直面する可能性があり有用度が高い ・探究に独自性を出すのが難しい ・関心を持たない生徒がいる ・グループで取り組みやすい
❺学問上の研究テーマ・課題	【研究されている課題等】 □遺伝子組み換え実験 □遺跡発掘調査	・先行研究を見つけやすい ・進学希望者の動機づけにつながる ・大学進学で評価してもらいやすい ・大学教員や大学院生からの協力を得る必要があるテーマがある ・関心をもたない生徒がいる

＊佐藤浩章『高校教員のための探究学習入門』（ナカニシヤ出版，2021）p.31 と『高等学校学習指導要領解説　総合的な探究の時間編』（文科省）を基に作成（❺は佐藤（2021）が追記）

4 探究のレベルとバランスの決定

1 3つの探究レベルの「メリット」と「デメリット」は？

探究学習は，①「調べ学習」で終わるもの，②「解決策の提案」までいくもの，③「解決策の実行」まで達成するものに分けられます。「学校の廃棄物リサイクル」を例に，特徴と違いを見てみましょう。

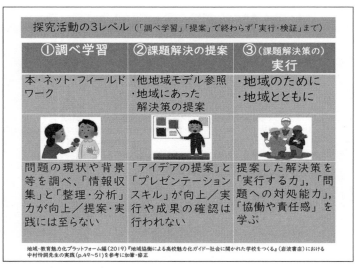

探究活動の3レベル（「調べ学習」「提案」で終わらず「実行・検証」まで）		
①調べ学習	②課題解決の提案	③（課題解決策の）実行
本・ネット・フィールドワーク	・他地域モデル参照 ・地域にあった解決策の提案	・地域のために ・地域とともに
問題の現状や背景等を調べ、「情報収集」と「整理・分析」力が向上／提案・実践には至らない	「アイデアの提案」と「プレゼンテーションスキル」が向上／実行や成果の確認は行われない	提案した解決策を「実行する力」、「問題への対処能力」、「協働や責任感」を学ぶ

地域・教育魅力化プラットフォーム編（2019）『地域協働による高校魅力化ガイド－社会に開かれた学校をつくる』（岩波書店）における中村怜詞先生の実践（p.49～51）を参考に加筆・修正

●「調べ学習」で終わる探究

学校の廃棄物問題を研究し，背景，リサイクルの重要性，現状の廃棄物処理方法などを学びます。しかし，解決策の提案や実践には至りません。

●「解決策の提案」で終わる探究

同じ問題を分析し，解決策を提案します。「リサイクル箱の設置」や「啓発キャンペーン」などの解決策を提案します。しかし，提案段階でストップ

し，実行や成果の確認は行われません。

●「解決策の実行」までいく探究

　提案した解決策を実際に実行します。「リサイクルプログラムの計画」「資源の調達」「実際のリサイクル活動の運営」などです。この過程で生徒は，多くの経験と成長（実践的なスキルや責任感など）を経験します。時間が許せば，できるだけこの段階まで挑戦させられたらと思います。

2　生徒主導と教師主導のバランスは？

　「生徒主導」と「教師主導」の配分は，佐藤（2021）が参考になります。
・プロセスごとに，「生徒主導（生徒が決める）」か「教師主導（教師が決める）」，またはその中間（教師が提示し，生徒が選択する等）がある。
・「生徒主導」か「教師主導」かという唯一の最適解は存在しない。
・プロセスや状況において，両者のバランスは異なっていてもよい。

　教師は，各探究プロセスを設計する際に，これらのポイントを胸に，具体的な学習状況や学校の文脈に合わせて最適なバランスを模索しましょう。

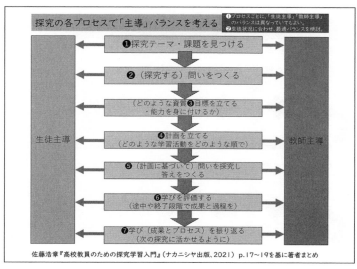

佐藤浩章『高校教員のための探究学習入門』（ナカニシヤ出版、2021）p.17〜19を基に著者まとめ

3章 探究プロセス別のチェックリスト

1 探究プロセスとは？

　3章では，探究学習の「プロセス」に焦点を当て，その要点を凝縮してお届けします。さらなる具体例と詳細な解説は，次の4章での楽しみにしておいてください。

　探究学習には，以下のような重要なポイントがあります。

1 学習過程を「探究のプロセス」に

　探究のプロセスは単純に「順番に進む」ものではありません。「順番が前後する」「一つの活動の中で複数のプロセスが同時に進行する」「探究のプロセスが何度も繰り返され，高まる」など，探究プロセスの特徴を理解することは，探究プロセスで生徒をサポートする際に重要です。

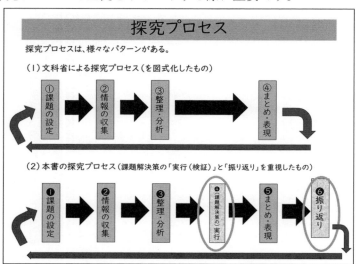

　上図（1）が，文科省が示す探究プロセスです。「課題の設定」➡「情報

の収集」➡「整理・分析」➡「まとめ・表現」となっています。

　探究プロセスは，様々な形が提唱されています（例えば，PDCA サイクルもその一例，他の例は藤原（2023）を参照）。

　同じ図の（2）は，本書における探究プロセスです。「まとめ・表現」の前に「課題解決策の実行」を，後ろに「振り返り」を位置づけています。提案だけでなく実行まで，振り返って次につなげることが大切という意味を込めています。

　例えば，この探究のプロセスについて，地域の人口動態に興味を持った生徒が，地域活性化の方法を探究する具体例を見てみましょう（学習指導要領解説 pp.123-124 を基に「課題解決策の実行」と「振り返り」を追記し作成したもの）。プロセスを進めるイメージがつかめると思います。

【課題の設定】生徒は，「自分たちの地域をどう活性化できるか」という課題を設定します。

【情報の収集①】この課題に基づき，若い人がなぜ地域から出ていくのかを知りたくなり，町でインタビューを行います。

【整理・分析】収集した情報を整理し分析すると，人口流出が雇用や福祉など複数の要因に起因することに気づきます。

【情報の収集②】考えられる要因から焦点を絞り，地域の活性化に向けた新たな考えを持つために，より詳しい調査を行います。

【新たな課題の設定】友人と討論し，地域の魅力を発信する新たな課題「まちおこしにつながるイベントを企画しよう」を設定します。

【課題解決策の実行】企画したイベントを実際に実施。地域住民と連携し，地域文化を紹介するフェアや市場を開催します。

【まとめ・表現】イベントの成果をまとめ，参加者や地域に発表します。

【振り返り】全体のプロセスと結果（成功と課題）を振り返り，今後の改善点や学びを整理し，今後の地域活性化にどう活かすかを考えます。

2 「課題の設定」の「チェックリスト」

「探究プロセス」における「課題の設定」では，生徒がプロジェクトの目的や目標を明確にし，解決すべき具体的な課題を設定する作業を行います。

「課題の設定」では，次のような内容に取り組みます（イメージ）。

プロセス	初級レベル	中級レベル	上級レベル
課題の設定	他者のサポートを受けて，テーマの設定や問いの立案をする。	テーマや問いの設定に自主性を持ち，創造性を発揮する。	独自のテーマや問いを設定し，深い洞察を持った探究を行う。

以下は「課題の設定」で行う具体的な内容です。すべてを一つひとつ進めなくて大丈夫です。活動が停滞したときにこのリストを参考にしてください。

1 興味・関心の特定

自分が興味を持つテーマや問題を特定します。これは，個人的な関心，社会的な問題，科学的な現象など，多岐にわたります。

例）地域社会の活性化や環境保護など

2 背景調査

課題設定には，テーマの背景知識が必要です。多様な資料から概要をつかむことで，課題の文脈を理解し，何を探究するかを明確にできます。

例）まちづくりの歴史，現在の地域の課題，成功事例などを調査し，地域の特性やニーズを理解

3 課題の明確化

興味のあるテーマや問題から具体的な課題を明確にします。この課題は，解決すべき問題や探究すべき疑問点としてできるだけ具体化します。

　例）「この地域での観光振興はどうすれば実現できるか？」など

4　目的の設定

課題に対して何を達成したいのか，具体的な目的を設定します。

　例）観光客の増加，地域住民の生活の質の向上など

5　範囲の設定

課題の範囲を設定し，探究の焦点を絞ります。広すぎると取組が困難になり，狭すぎると重要な側面を見逃す可能性があります。

　例）課題の範囲を地域の特定のエリアや特定の産業などに絞り込み

6　課題の解決方法の検討

課題をどう解決するか，基本的な方法や手法を検討します。

　例）地域住民とのアンケート調査，観光資源の分析，他地域との比較研究

7　倫理的な配慮

課題に関連する倫理的な側面を考慮し，必要な許可や承認を得ます。

　例）地域住民のプライバシー保護，文化的配慮

8　教師や仲間との協議

課題の設定のプロセスでは，教師やクラスメートとの協議や意見・助言が重要です。他者の視点からの意見や指摘は，課題の設定の質を高めます。

　例）教師やクラスメートから，地域ニーズや実現可能性の意見・助言

「課題の設定」は，探究学習の成功に向けた基盤を築くために不可欠で，生徒の主体的な学びと深い理解を促進する重要な段階です。

3 「情報の収集」の「チェックリスト」

「探究プロセス」における「情報の収集」の段階では，生徒が課題解決に必要な情報を集める作業を行います。

「情報の収集」では，次のような内容に取り組みます（イメージ）。

プロセス	初級レベル	中級レベル	上級レベル
情報の収集	指定された情報源から情報収集を行う。	一次資料や二次資料を適切に活用し，情報収集を行う。	豊富な一次資料や二次資料を収集し，情報の信頼性を確認する。

＊一次資料，二次資料については，pp.78-79参照

以下は「まちづくり」をテーマにしたときの具体的な内容です。すべてを一つひとつ進めなくて大丈夫です。活動が停滞したときにこのリストを参考にしてみてください。

1 情報源の特定

どんな情報が必要かを考え，それを得るための情報源を特定します。図書館の本，インターネット，市役所の資料，専門家や該当者の意見などが情報源になることがあります。

例）地域の歴史は図書館で，現状の課題は市役所の統計データなど

2 信頼性の確認

情報源が信頼できるものかを確認します。専門家の論文や公的な統計など，信頼性の高い情報を選ぶようにします。

例）地域の公式統計や，専門家が発表した研究報告など

3　情報の収集

　必要な情報を集めます。読書，ウェブ検索，インタビューなど，様々な方法で情報を収集します。
　　例）地域の観光資源，産業構造，人口動態などの情報収集
　　　　地域住民とのアンケート調査やインタビューなど

4　倫理的な配慮

　情報を正しく活用します。引用や参照を正しく行い，著作権を尊重します。
　　例）地域住民のプライバシー保護や著作権の配慮など

5　教師や仲間との協議

　教師やクラスメートと協議し，情報の選定や分析について意見・助言を得ます。
　　例）地域のリアルなニーズや実現可能性について

　この「情報の収集」のプロセスを通じて，生徒は課題に対する深い理解を得るとともに，情報の選定や分析，評価などの重要なスキルを身に付けます。正確で信頼性の高い情報を基に，探究プロセスを次の段階（整理・分析）へと進めることができるようになります。

4 「整理・分析」の「チェックリスト」

「探究プロセス」における「整理・分析」の段階では，生徒が収集した情報を整理し，分析して課題の核心を明らかにする作業を行います。

「整理・分析」では，次のような内容に取り組みます（イメージ）。

プロセス	初級レベル	中級レベル	上級レベル
整理・分析	整理・分析を基本的な方法で行い，簡単な結論を導き出す。	複数の視点やデータを用いて分析し，結果を論理的に解釈する。	複雑なデータ分析を行い，統計やグラフなどを使って結果を示す。

以下は具体的な内容です。すべてを一つひとつ進めなくて大丈夫です。活動が停滞したときにこのリストを参考にしてみてください。

1 情報の整理

収集した情報（言葉や文章などの「定性的なデータ」）をテーマや問題ごとに整理します。関連する情報をグループ化し，要約して重要なポイントを明らかにします。

　例）まちづくりに関連する情報（例：地域の歴史，観光資源，住民の意見など）を分類し，重要な点を発見

2 データの分析

数値データ（「定量的なデータ」）があれば，統計的な分析を行い，傾向やパターンを見つけます。グラフやチャートを使い視覚化することもできます。

　例）観光客数や人口動態などの数値データを分析し，地域の特性や課題を明確化

3　情報の解釈

　分析したデータから，何が言えるのか，どういう意味があるのかを解釈します。分析結果が課題解決にどう貢献するかを考察します。
　例）特定の観光地が人気な理由や，商店街の衰退の原因など

4　仮説の検証

　集めた情報と分析から，初めに立てた仮説や疑問点の答えを見つけます。
　例）「この地域は観光資源が豊富だが十分に活用されていない」等の仮説
　　　を立てて，データ分析で検証

5　結論の導出

　分析と解釈の結果から，結論を導き出します。解決策や新たな問題提起など，次のステップへの方向性を明確にします。
　例）「地域の観光資源を活用した新しいイベントの提案」など

6　批判的思考

　分析方法や結論に対し批判的に考え，偏りや誤りがないかを検討します。
　例）分析や結論に対し，地域住民のニーズや地域文化に合致しているか

7　他者との協議

　教師やクラスメートと分析結果を共有し，意見・助言を得ます。他者の視点からの意見や指摘は，分析の質を高める助けとなります。
　例）住民や専門家，教師，クラスメートと分析結果を共有し，意見交換

　「整理・分析」の段階は，探究プロセスの中核をなす部分です。対象への理解を深め，論理的に考察し，実践的な問題解決のスキルを磨けます。

5 「課題解決策の実行」の「チェックリスト」

「探究プロセス」における「課題解決策の実行」の段階では，生徒が分析した結果を基に具体的な解決策を計画し，実行する作業を行います。

「課題解決策の実行」では，次のような内容に取り組みます（イメージ）。

プロセス	初級レベル	中級レベル	上級レベル
課題解決策の実行	指示された基本的なフォーマットに従って提案や実行を行う。	課題解決策の提案や実行に自分の考えを反映させて行う。	創造的で効果的な課題解決策の提案を行い，独自の実行を行う。

以下は具体的な内容です。すべてを一つひとつ進めなくて大丈夫です。活動が停滞したときにこのリストを参考にしてみてください。

1 計画の立案

解決策を実行するための具体的な計画を立てます。目標，期限，必要なもの，担当者などを明確にします。

例）地域観光を促進するイベントを企画。日程，場所，参加者，広報戦略などの検討

2 実行の準備

必要な許可，資料，道具，人員などを整えます。

例）自治体からの必要な許可。使用する資材やボランティアの確保

3 解決策の実施

計画に基づいて課題解決策を実行します。チームでの作業の場合は，協力

して効率よく作業を進めます。

　例）イベントを実際に開催し，地域の観光資源を PR。地域住民と連携して，地域の特産品の展示販売

4　進捗（進み具合）の確認

実行の進捗を定期的に確認し，必要に応じて進行を調整します。

　例）イベントの進行状況を随時確認し，必要に応じて進行の調整

5　問題の対処

発生する予期せぬ問題に対処します。必要に応じて教師等に相談します。

　例）トラブルに迅速に対応し，参加者に安全で楽しい体験を提供

6　倫理的な配慮

実行過程でも倫理的な配慮を怠らず，他者の権利や文化を尊重します。

　例）地域の文化等の尊重と参加者への理解。地域住民との協調

7　記録と反映

実行過程を記録し，後で振り返るための資料を整理します。実行後は，成功した点，改善すべき点などを記録し，次のステップに活かします。

　例）イベントを画像や動画で記録し，振り返りや報告資料の作成に活用。
　　　イベント終了後に反省会を開き，次回に活かす改善点の洗い出し

8　コミュニケーション

実行過程や結果を関係者やクラスメートと共有し，意見・助言を得ます。

　例）成果を地域や学校に報告し，協力者からの意見・助言の取得

　この段階では，計画から実行，評価に至る一連のプロセスを経験することで，実践的な問題解決能力やプロジェクト管理のスキルを育みます。

6 「まとめ・表現」の「チェックリスト」

　「探究プロセス」における「まとめ・表現」の段階では，課題解決のプロセスと結果を整理し，他者に対して明確に表現する作業に取り組みます。

　「まとめ・表現」では，次のような内容に取り組みます（イメージ）。

プロセス	初級レベル	中級レベル	上級レベル
まとめ・表現	提案や成果を基本的なフォーマットでまとめて表現する。	自主的に選択した形式で成果を表現し，他者と共有する。	独自の形式で成果を表現し，広く他者と共有する。

　以下は具体的な内容です。すべてを一つひとつ進めなくて大丈夫です。活動が停滞したときにこのリストを参考にしてみてください。

1　結果の整理

　探究活動で得られたデータや情報，解決策の実行結果を整理・分析します。
　例）地域の観光振興や商店街活性化のための取組結果を整理

2　考察の深化

　結果からの解釈や予想との違い，意外な発見などを深く考察します。
　例）どの取組が効果的だったのか，反応はどうだったのかを考察

3　結論の導出

　探究の目的に対してどういう結論が導かれるのかを明確にします。
　例）「地域資源を活用した観光振興が成功した」といった結論の明確化

4　表現方法の選定

報告書，プレゼン，ポスターなど，対象者に合った表現方法を選びます。
例）地域や行政への報告は，プレゼンテーションや報告書が適切

5　論理的な構成

論理的な構成でまとめます。導入，本論，結論などの構成が一般的です。
例）まちづくりのプロセスを論理的に構成

6　分かりやすく工夫

グラフ，図表，写真などを用いて，視覚的に分かりやすく表現します。
例）地域の風景写真や活動の様子，成果を示すグラフなどを視覚的に表現
また，分かりやすい言葉遣い，説得力のある言葉などの工夫をします。
例）住民にも理解してもらえるよう，専門用語を避けた平易な言葉で表現

7　意見・助言と改善

教師やクラスメート，関係者からの意見・助言をもらい，改善します。
例）地域住民や専門家からの意見・助言を受けて，内容を改善

8　発表と共有

成果を学校内外で共有します（発表会やウェブサイト）。
例）地域の公民館での発表会や地域紙への寄稿など

9　倫理的な配慮

データの引用や著作権の尊重など，倫理面に配慮します。
例）地域住民の意見を引用する際など，プライバシー保護や著作権を尊重

この段階は，自分たちの成果を他者に伝える重要な部分です。

7 「振り返り」の「チェックリスト」

「探究プロセス」の最終段階である「振り返り」では，生徒が取組全体を振り返り，自己評価や今後の改善点を考察する作業を行います。

「振り返り」では，次のような内容に取り組みます（イメージ）。

プロセス	初級レベル	中級レベル	上級レベル
振り返り	探究プロセスについて振り返り，改善点を特定する。	探究プロセスについて振り返り，次のステップに向けた計画を立てる。	自分の学びや成長について振り返り，次のステップを考え，新たな課題を見つける。

以下は具体的な内容です。すべてを一つひとつ進めなくて大丈夫です。活動が停滞したときにこのリストを参考にしてみてください。

1 自己評価

探究プロセス全体を振り返り，自分の役割，貢献，学びなどを評価します。

例）「地域の観光資源を活用したプロジェクト」における自分の役割や貢献，新しく学んだ地域づくりの知識や技術について評価

2 プロセスの評価

課題設定から結果発表まで，進行状況や困難点，成功要因を振り返ります。

例）地域との連携や情報収集の方法，プロジェクトの進行状況など

3 成果の評価

目標に対してどれだけ達成できたのか，どの部分がうまくいったのか，どの部分の改善が必要なのかを考察します。

例）「地域の観光振興」の場合，成果として観光客数の増加や地域の反応

4 チームワーク（協働）の評価

グループの場合，他者とのコミュニケーションや協力状況を評価します。
例）地域住民や他の生徒との協力体制やコミュニケーションの質など

5 反省と改善点の洗い出し

今後同様のプロジェクトを行う際の改善点や，自分自身の学びの深化につなげるべき点を洗い出します。
例）「地域との連携方法」や「情報発信の効果」など

6 学びの可視化

探究プロセスを通じて得た知識や技術，態度などの成長を可視化し，自己の成長を実感し，次のステップへのモチベーションを高めます。
例）地域の理解の深化や，プロジェクトマネジメントの技術など学んだ点

7 他者からの意見・助言の受け取り

教師や友人，専門家の助言を得て，それを反映させることも重要です。
例）地域住民や行政，専門家からの意見・助言

8 記録の整理

将来の参考や他者との共有用に，今回の探究プロセスを整理・記録します。
例）プロジェクトでの経験や学びを記録し，他の地域や学校との共有，次世代の生徒への教材として整理

「振り返り」の段階は，単にプロジェクトの終了を迎えるだけでなく，次の学びへのステップとしても重要です。自己の成長を実感し，今後の学びや活動に活かすための具体的な方向を見出せるとよいでしょう。

4章 「課題の設定」の指導のポイント

1 「課題の設定」のポイント
―どうやって生徒の関心を引き出すか?

1 「課題の設定」とは?

　ここからは,探究プロセス(p.32参照)の最初のステップである「課題の設定」を深掘りしましょう。この段階で生徒は,自分(たち)が解決したい問題や疑問点を見つけます。生徒が社会や日常生活で遭遇する「問題」「興味・関心」または「社会的な課題」から,探究テーマを見つけ出します。

　ただし,教師がじっと待つだけでは,生徒の課題の設定はうまく進みません。では,どうアプローチすればいいでしょうか?

2 「課題の設定」のポイントとは?

　一方的な教師の提示では,生徒の学習意欲は高まりません。成功の鍵は,以下のようなポイントにあります(文科省,2019,2023)。

①人や社会,自然との実体験を重視し,その体験方法を工夫する。
②生徒の発達段階や興味・関心を事前にしっかり把握する。
③生徒が対象に「違和感」(既有の知識とのズレ)や「憧れや可能性」を感じさせるように工夫する。
④生徒自身が真剣に取り組みたいと思う課題を設定する。
⑤課題の設定には十分な時間をかけてもよい(必要に応じて,単元の総字数の3分の1程度を当てることも考えられる)。

3 「課題の設定」を支援する活動例は？

　生徒の関心を引き出し，課題についての疑問や問題意識を高めるには，具体的な経験や，事例，データ等の提示が重要です（文科省，2023）。

例① 「体験活動」から課題を設定

・「海岸と河川のフィールドワーク」「A市とB市の現地調査」「介護施設への訪問」などの体験活動を実施し，活動後に感じたことや問題点を明らかにする。体験活動後に感じたことや疑問を付箋に書く。それらをグルーピングする。キーワードを出し合い，取り組む課題を設定する。「どうしてこうなっているのか，なぜ違うのか」などの問題に気づき，課題へと高める。

　例）学校近くの河川でマイクロプラスチックの調査を行う

例② 「憧れの人との出会い」から課題を設定

・宇宙飛行士など，自分が憧れる講師から直接話を聞き，「自分が宇宙に関する仕事に就くには何が必要なのか」生き方を考える機会とする。

例③ 「記事や資料」を通して課題を設定

・生徒が興味を持つ，地球温暖化やエネルギーなどについての記事や資料を読み，その影響に気づく。生活や環境保全や活動に目を向ける。

　このように，生徒が主体的に考え，行動することで「課題の設定」が生き生きと進みます。それが，真の探究学習の始まりです。

　次の頁では，「課題の設定」での「生徒の悩み」とその「乗り越え方」を紹介します（3年間の生徒アンケートのまとめから得られた貴重な知見）。

【探究の「課題の設定」プロセスでの「（生徒の）悩みごと」と「乗り越え方」】

探究の「課題設定」プロセスでの「悩みごと」と「乗り越え方」は？（生徒アンケートより）

1　「課題設定」における「生徒の悩みごと」5選は？

悩みごと（1）課題の発見・特定（適切な課題の発見や特定に悩む）
悩みごと（2）進路・将来との関連づけ（進路と課題設定の関連づけに悩む）
悩みごと（3）具体的なテーマや分野の選択（特定のテーマや分野への絞り込みに悩む）
悩みごと（4）興味・関心と課題の結びつけ（夢や目標が不明確だと関心分野の発見が困難で悩む）
悩みごと（5）実行可能な解決策の考案（大規模の課題を小さくて具体的な課題にするのに悩む）

2　「課題設定」で何に悩み，どう乗り越えるか？（ヒントの発見）

悩みごと（1）課題の発見・特定

「課題を見つけること」「何にするか」「課題が決まらなかった」など，適切な課題の発見や特定に悩む生徒が多くいます。
例）「自分の身近なところで課題を見つけるのが難しかった」「課題がなかなか決まらなかった」

【乗り越える工夫】

❶興味や関心からのアプローチ
- 「自分の勉強が楽しいと感じているときの状況を考える」「身近な課題や興味に着目する」
- 「興味から話題を広げつつ絞る」「友達と話して気になることを発見し調査する」

❷身の回りの問題や関心からの発見
- 「友達や先生の意見を取り入れてアイデアを出す」「興味のある英語から問題を見つける」
- 「問題を比較して共通点を見つける」「よく考えて調査して問題を発見する」

❸他者との協力や相談からのアイデア
- 「周囲の人や先生のアドバイスを得てテーマを見つける」「先生からのアドバイス」
- 「家族や友人との話し合い」「情報収集と相談」

❹進路や興味に関連づける工夫
- 「ネットや資料などの調査を通じて課題を発見する」「身近な事象から問題を見つける」
- 「先輩の経験を参考に考える」「身近な外国人との対話から課題を設定する」

❺ネットや資料からの情報収集
- 「視野を広げてアプローチ」「ネットなどで調査する」「将来の仕事に対する情報収集」

悩みごと（2）進路・将来との関連づけ

「自分の進路」と「課題設定」を関連づけることに関する言及が目立ちます。具体的には「進路と関係ある内容かどうか」「自分の将来と関連性のある課題」などに悩む生徒も多いです。
例）「進路に見合う課題がなかなか見つからなかった」「自分の進路に関わる課題が多くあり，さらに興味がある課題がたくさんあったので，どの課題を設定すればいいのか迷った」
　　「将来やりたいことと関連づけたうえで，自分の力で少しは貢献できるテーマを考えること」

【乗り越える工夫】

❶進路や将来を前提にテーマ選択
- 「課題を設定してから自分と関連づけるのは条件がかなり絞られてしまうので，『自分の目指したいことは何か？　生き方とは？』ということを考えてから，課題を設定した」
- 「自分の進路と世の中にある課題を照らし合わせながら少しずつ結びつきを強めていった」

❷将来の職業と課題を結びつける
- 「将来就きたい職業での問題を調べてその中で自分が体験して解決したいと思った問題を選ぶ」
- 「考えを紙に書き頭の中を整理し，どれが一番解決すべき課題かを視覚的に分かりやすくした」

❸知識の収集と分析
- 「たくさん調べた」「ネットや他者の課題設定を参考にした」「多くの文献を読み，分野の中で共通で問題視されている点を探した」「自分の身近な問題を発見した」

❹身の回りの状況を活用
- 「身近な風景を思い浮かべた。妊婦さんが大変なことは，自分ならどうかと置き換えて考えた」
- 「昨年の探究の情報を整理し，気づきを得て，図書館を利用して解決策を考えようと思った」

❺プロセスの変更や再評価
- 「グループ内でどんな課題を設定しどんな案を出していくかを話し合った」
- 「関心を持てる課題が見つからなかったので，興味に絞ることなく，課題設定自体を変更した」

悩みごと（3）具体的なテーマや分野の選択

例えば「SDGsと関連づけること」「IT系で課題を見つけたかった」など，具体的なテーマや分野に関する言及が多いことから，特定のテーマや分野に絞り込むのに悩む生徒がいます。
例）「SDGsと関連させた内容にするのが難しい」「IT系で課題を見つけたかったが見つからなかった」「看護といっても医療者の視点や患者の視点またはケアについてなどいろいろな研究があり，何から手をつけて考えていくべきか悩んだ」

【乗り越える工夫】

❶ **周囲や自身の経験を活かすアプローチ**
- 「実体験をあげる」「先生のアドバイスでまずは下見に行ったら課題を見つけることができた」
- 「親に相談」「とりあえず調べ続けた」

❷ **他者との協力や相談からのアイデア**
- 「探究したいことを相談して視野を広げた」「共同で探究したので意見を出し合い考えた」
- 「ひとつずつに向き合って話し合ったりした」「友達の話と関連づけた」

❸ **身の回りの問題や関心からの絞り込み**
- 「個人ができる小さな課題を設定し、最終的に少しでも飢餓の解決につながるようにした」
- 「ニュースなどから『なぜ〇〇か?』『本来はどうあるべきか?』と自分で問いかけた」

❹ **情報収集やリサーチからの具体化**
- 「たくさん調べ、数々の問題点とSDGs4.1を照らしあわせた」
- 「ネットで調べて情報を集めることで具体的に課題が見つかった」「先生や他者からの助言」

❺ **興味や関心を中心にしたテーマ選択**
- 「好きなことにした」「本職の方にインタビューをして乗り越えた」
- 「自分の興味のある分野の中でキーワードを絞って課題を設定した」

悩みごと（4）興味・関心と課題の結びつけ

夢や目標が不明確な生徒は、関心のある分野を見つけるのが難しく、また、新聞やニュースに触れる機会が少ない生徒は、社会の問題点を把握するのが難しく、課題設定の障壁となるようです。

例）「夢がないのでどの分野にするか、なかなか決まらなかった」
　　「昔からあまり新聞やニュースを見ないため、身の回りの課題に気づき発見するのが難しい」

【乗り越える工夫】

❶ **日常生活との結びつけ**
- 「自分の身の回りで不便だと思ったことに目を向けた」
- 「自分の住む街をよく観察して問題点を見つけた」

❷ **興味・関心からの洞察**
- 「好きなことや興味を持ったことを課題にした」
- 「自分が将来進みたい道や進路と関連させた課題を設定した」

❸ **他者とのコミュニケーション**
- 「友達や親、先生と話し合うことで課題を見つけた」
- 「アンケートをとることで新たな発想が浮かび、先生からのアドバイスで解決した」

❹ **自己の反省と分析**
- 「最初に書いたメモを見ることで、自分の考えを明確にした」
- 「自分がこの場面に出会ったらどうするかを考えた」

❺ **情報収集とリサーチ**
- 「テレビを見たり、インターネットの記事を吟味したりして整理した」
- 「登下校や塾に行くときに周りを観察したり、ポスターやイラストコンテストで情報収集をした」

悩みごと（5）実行可能な解決策の考案

「大きな問題から細かい問題を見つける」「抽象的な課題を具体的な課題にする」「自分にとって解決可能な課題を選ぶのが困難」など、課題の範囲や規模の適切な設定が難しいと感じる生徒がいます。

例）「問題の規模が大きかったので、個人で何をすれば少しでも現状を改善し、解決に近づけるか」
　　「大きな問題を自分ごとにすること」「高校生が自分の力でできる範囲の課題を考えること」
　　「どこを限定して探究を進めたらいいか分からなかった」

【乗り越える工夫】

❶ **身近な視点からアプローチする**
- 「身近な課題をまず考えて（身近な平和教育）、それがどのように世の中に役立つかを考えた」

❷ **複数の情報源を活用して知識を広げる**
- 「友達に相談する、ネットや本をたくさん使う、図書館などで先生に相談するなどして実際に取り組む見通しを立てて、進路や興味に合う課題を設定できた」

❸ **考え方や視点を変える**
- 「考え方を変えた」

❹ **共有や議論を通じてアイデアを洗練させる**
- 「家族や友人と話し合って課題を共有した」

❺ **過去の経験や情報を基にアプローチする**
- 「昨年の学年アンケートの結果から、サステナブルファッションの認知度が低く8割の人が知らないという点から目をつけて、まずは広めることを主にしようと考えた」

2 「課題の設定」で「教師が困ること」と「解決テクニック」

　探究プロセスにおける「課題の設定」とは，探究学習の目的や方向性を明確にするステップです。ここでは，課題の設定で教師が困ること（問題点）と，それに対処するための実用的なテクニックをご紹介します。

> 困ること1　課題をどう適切に設定すればいいかわからない
> 困ること2　自分の興味や関心がはっきりしない
> 困ること3　設定した課題が広すぎて具体的でない
> 困ること4　生徒が興味・関心を示さない
> 困ること5　使える資源や時間に制約がある

　以下，それぞれの困りごとと解決法について見ていきましょう。

困ること1　課題をどう適切に設定すればいいかわからない

　生徒の興味や能力に合わせた課題選定が難しい場合は，「興味を引くトピックの調査」や，「生徒が課題を提案」などで解決できることがあります。
　例えば，「地域の歴史的建造物を活用した観光振興策は何か？」といった具体的な課題を考えて，生徒が地域社会に興味を持つようにします。

解決テクニックA　問題と課題の違いを知る

　課題の設定をする際は，「問題」と「課題」という言葉の違いを押さえることが役立つ（pp.56-57参照）。両者の違いを理解すると，次に行うのは，具体的な問題点（不便や不満，理想の状態とのギャップ）の発見となる。

解決テクニックB　柚木泰彦先生（東北芸術工科大学）に基づくテーマを選択する

❶「自分が関心があって取り組みたいこと（Will）」

❷「私にできること（Can）」（期間内に実行可能）

❸「時代や社会が求めていること（Need）」

　これらが交差するテーマを選択する。「やらされ探究」でなく当事者意識を持つには，WillとCanが特に重要。社会貢献を考えるならNeedも必要。

解決テクニックC　課題の設定前に「調べ学習」をする

　課題の設定前には調べ学習が必要。関連知識がないと浅い問いになってしまう。一気に課題の設定をしようとせず，時間をかけて以下のようなプロセスを順を追って行うことが大切（がもう，2018）。

❶自分の興味・関心に合わせたテーマを見つける，選ぶ。

　（全員が共通のテーマにする or 複数選択肢から選ぶ or 生徒が自由に選択）

　＊大きなテーマは，テーマを絞っていく

❷テーマに関する「調べ学習」を行い，テーマ周辺の課題を浮き彫りにする。

❸そこから問いが生まれ，問いに対応する仮説ができていく。

解決テクニックD　マイテーマの考え方を知る　　＊酒井（2023），後藤（2014）参考

　調べるうちに知識を得て解決されたり，新しい課題や関心が見えてきたりすることもある（途中で変更可能）。また，大人のマイテーマも変わっていく。その時々の関心や発達・出会い・必要性に応じて変わるもの（時々の変化）。

　進める中でよいものが見つかれば，期日に間に合う範囲で変えてもよい。

解決テクニックE　問いの判断基準（3条件）を考える

❶興味・関心：本気で答えを出したい「こだわり」のある問いか

　手間暇をかけて妥当かつこだわれる問いにする。先生とも対話する。

❷問いの形：「どうすれば～できるか」という課題解決型の問いか

❸調べ方やゴールイメージ：期限内で問いの解決への見通しが持てる問
　いか

解決テクニックF　全員が完璧に課題の設定ができる状態はこない

　課題の設定は大変なプロセス。学年全員がうまくいく状態は（おそらく）こない（学びつつ質が上がる）。経験を増しながらよりよいものを目指す。

　ア）生徒が問いを立てる。

　　　例）「～が……するには，どのようにすればよいのか」

　イ）生徒だけでは，それが解決済みか未解決の問いかは分かりにくい。
　　　そこで，先生や図書館の先生などに頼んで問いを見てもらう。

　ウ）すでに答えが出ている問いの場合は調べ学習になる（浅い問い＝避けたい問い）。
　　　関連本を紹介してもらうなどして，より深い問いを考える。

　エ）調べるなどして追究して，最終的に問いが変わってもよい。

困ること2　自分の興味や関心がはっきりしない

　「やらされ探究」にならないためには，その生徒が興味・関心のあるものを追究できるのが望ましい。しかし中には，自分が好きなことや興味がよく分からないという生徒もいます（「自己理解」の問題）。

解決テクニックA　好きなことや関心を発見する活動を提供する

　以下のような様々な体験を通して興味・関心を高める方法がある。

●生活に関連したテーマや課題を扱う（SNS，スポーツ，ニュース等）
●自分の好きなこと，得意，興味あることを100個書き出す（中村，2023）
●生徒自身にテーマを選ばせる（自分で選ぶと関心を持ちやすい）
●グループワークやペアワークで意見を集め，生徒の声に耳を傾ける
　探究活動のテーマや内容，課題を決定する際に，生徒と話し合った
　り，アンケートを実施したりして，生徒の関心分野を取り入れる。
●関連動画を視聴したり，実験をしたりする
　生徒が関心を持てない理由の一つは「よく知らないから」（圧倒的な
　情報不足）。多様な情報に触れ，生徒が知りたいと思うようになる。
●生徒にありたい姿を考えてもらう（どんな職種に就きたいかでな
　く，その職種に就いてどんな価値を世の中に伝えたいか。夢や目標と
　課題設定をつなげる（中村，2023））
●フィールドワーク（現地調査）や体験活動を行う
　フードロスについて考えるなら，実際に携わっている人を訪問す
　る。話を聞き，可能なら体験させてもらう。体験すると新たな発見が
　生まれ，自己関与度が上がり，心が動いて関心が増すことも多い。

解決テクニックB 問題から課題の見つけ方を知る　　　　＊佐藤（2018）参考

ア）研究テーマ（research themes）：研究の焦点，漠然としているもの
　　例）商店街，地域活性化
イ）問題：研究上の疑問，不確かさ，困難，ギャップ，矛盾等，解決す
　　べき問題
　　例）店主の高齢化や減少による商店街としての活動の沈滞化
ウ）リサーチクエスチョン（探究課題）：研究上の問い，疑問文
　　例）商店街の店主の高齢化の現状と課題は何か？
　　　　どうすれば商店街を活性化できるか。

<u>困ること3</u> 設定した課題が広すぎて具体的でない

　中には「どうしたら不登校が解決するか」や「どうしたらマイクロプラスチック問題が解決するか」などの大きな探究に取り組みたい生徒もいます。

　しかし，課題が大きすぎると「調べ学習」で終わったり，時間内で取り組めなかったりします。国全体ではなく，「地域」や「自分の学校」に範囲を狭めるなど具体的な課題への落とし込みが必要です。

<u>解決テクニックA</u> 問題の解決に向けたステップを知る

　ア）「問題点」を発見する。
　イ）問題点の「本質的な原因」を分析する。
　ウ）「あるべき姿」（理想や目標）を設定する。
　エ）理想を実現するためにすべきこと（課題解決策）を決める。
　オ）課題解決策を「実行」する（検証結果を次の対策に反映させる）。

<u>解決テクニックB</u> 問い（課題の設定文）は，「どうすれば～」という形にする

　問い（課題の設定文）は，「どうすれば～」という問いの形にすると課題の本質を意識しながら解決アイデアを出しやすくなる（柚木，2023）。

　×　～について　　○　どうすれば～できるか？
　例）「どうすれば図書館を毎日通いたくなる場所にできるか？」
　　　「どうすれば苦手な〇〇を楽しい教科に変えることができるか？」

<u>解決テクニックC</u> 大きな課題を具体的で小さな課題にする

　大きな課題を具体的で小さなものに絞り込む方法は，p.61を参照。

<u>解決テクニックD</u> 「良い問い」と「イマイチな問い」の特徴は？ ＊佐藤（2018）参照

　以下は，「良い問い」と「イマイチな問い」の比較。問いの作り方の参照に，また，「イマイチな問い」になっていないかのチェックに使えます。

良い問い	イマイチな問い
他の人に役立つ	自分の興味・関心だけ
多くの人の課題解決につながる	自分だけの問い
広すぎず，狭すぎず（wide & narrow）	広すぎる，狭すぎる
ある程度専門的な知識が必要	高度に専門的な知識を必要とする
きちんとデータ・統計に基づく	予想・予言の類
答えがすぐに出ない，少し調べても分からない	調べたことを羅列するだけのもの

＊（出所）後藤（2014）を基に佐藤浩章氏が作成されたものを上山が一部修正

困ること4　生徒が興味・関心を示さない

「地域のお祭りに学校としてどう参加するか？」など，生徒が自分たちの地域にどう貢献できるかを考えさせるなど，彼らの意見や関心を反映させた課題を設定することで興味を引くことができます。

解決テクニックA　与えられると「やらされ探究」（受身）になりやすい

総合的な探究の時間は，生き方を考えるチャンス。「自己の在り方生き方を考えながら，よりよく課題を発見し解決していくための資質・能力の育成」が目的。生徒が興味を持って深めたいと思う，楽しくて意味を感じる「マイテーマ」での学びが重要（酒井，2023）。

困ること5　使える資源や時間に制約がある

資料や機材の不足，時間の制約がある場合，早期の計画立てや他の教員，地域社会との連携を図ることで，資源を効果的に活用することが可能です。

解決テクニックA　期限内に実行可能か確認する

大きな問いは，具体的な小さな問いにする（pp.58-61参照）。

解決テクニックB　専門家の講演による効率的なインプットを図る

専門家を招いた講演などで，資料や時間不足を補える。

例）地域のまちづくりに関わる市役所の担当者に講演を依頼する。

3 「問題」と「課題」の違いは？

指導事例①

　教科や探究学習で「課題解決」に取り組む際に，特に大切な2つの単語を見てみましょう。

　それは，「問題」と「課題」という言葉です。両者は日常生活ではあまり区別されずに使われることも多いですが，課題解決を重視する探究においては両者を区別することが出発点となります。

1　「問題」とは

　まずは「問題」とはなんでしょうか。右頁の図をご覧ください。車いすに乗った2人の人物がいます。まずは下の男性です。この方は進もうとしているのに階段があって前に進めません。この場合，理想（目標）はなんでしょうか？　それは，上の女性の状況のように，階段がスロープに変わり，誰でも進むことができる状態になることです。

　このような「目標と現状のギャップ（差）」こそが「問題」と言われるものです。この図でいうと，「進みたいのに，階段があって進めない」のが「問題」です。通常，「問題」とはネガティブな状態を指します。例えば，「部活の大会など，本番前になると緊張してお腹が痛くなる」という問題を抱える生徒もいるかもしれません。

2　「課題」とは？

　このギャップ，つまり「現状」（進めない）と「目標」（進みたい）の間に存在する障壁をどう乗り越えられるかを解決する必要があります。これが「課題」です。例えば，「階段があるから進めない。どうしたら進めるようになるか？」という疑問が「課題」になります。右図の両者の矢印の違いに注

目してください。

3　現状と目標の「差」（不便，不満足）に注目する

　効果的な探究学習には，「現状と目標（理想）とのギャップ」，つまり何が不便か，何が不満足なのかを明確にする必要があります。

　例えば，英語の教科書で「地雷」について学ぶ場合，毎日地雷で命を失っている人がいるという「問題」があります。このような問題に対処する「課題」は，例えば，「すでに敷設されている地雷をどう安全に除去するか」「地雷による負傷者やその家族に対する医療をどう提供するか」「地雷の製造，販売，使用を制限または禁止する国際法または国内法の制定・実施をどう実現するか」など多岐にわたります。

　このように，理想と現状のギャップである問題をしっかりと理解することで，明確で実現可能な「課題」を設定することができるのです。

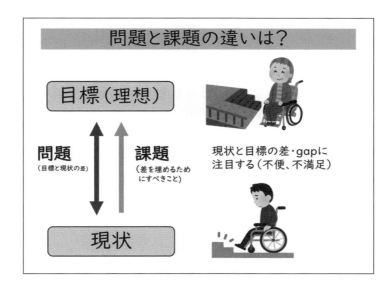

4 問いの「種類」から「具体的な問い」をどう設定？

指導事例②

1 問いの例がほしい

高校生が自分で課題を見つけ，解決策を練り，行動に移す。その一連の流れを円滑に進めるためには，何を問うかが重要です。ここでは，「理想的な問い」の設定方法とその具体例を見てみましょう。

類書では，様々な問いの形や作り方が提案されています（後藤，2014など）。

私はそれらを参考に「問いの５つの型」（次頁参照）を作成し，問いの種類を理解してもらった後に，問いを作ってもらうことをオススメしています。

右頁の表を見ると，どの問いに取り組むかで，身に付く力が異なることが分かります。全体的に見ると，私は，５の「問題解決型」の問いを生徒にオススメすることが多いです。「調べ学習」で終わらず，「課題解決策」を考え，さらに，「課題解決策の実行」まで行いやすくなるからです。生徒が自分で問題を発見し，解決策を考え，それを実行するという一連のプロセスを経ることで，幅広い資質・能力を総合的に育てることができます（p.30参照）。

2 大きな問いを具体的な問いに変えるには？

「大きな問い」を「小さくて具体的な問い」に変えるには，以下の手法が有効です。

①問題を「小さく，具体的」にする

大きな問題は小さく，具体的な問題に分けると，解決策を見つけ，実行しやすくなります。例えば，「地球温暖化をどう止めるか？」という大きな問題は，「私たちの学校（または家庭や教室）で，どのようにしてCO_2排出量を減らせるか？」という具体的な問題に変えるのです。

【問いの５つの型】

探究の問いづくり【問いの５つの型】

探究活動では，どのような「問い」を設定するかが重要になります。
様々な問いの形のうち，例として１～５の型を示します。５に近づくにつれて発展的となり，身に付く力も多くなります。

問いの型	説明	メリット・デメリット	活用方法
1 説明型 （理解・説明） "What" or "How"	何かを理解するための質問（事実や定義を理解）。 ●「なぜ～なのか？」「～とは何か？」 ●「どのように～するのか？」 　例）我々のまちにおける人口減少の主な原因は何か？ 　例）まちづくりとは何か？ 　例）太陽光発電とは何で，どんな仕組みなのか？	知識が増え，情報を理解し解釈する力が伸びるが，その応用力（それらを使う技術）は必ずしも伸びない。	教科書，公的な統計，記事，市町の計画書からデータを集める。整理し，原因や仕組みを説明する。
2 比較型 （比較） "Which" or "What" ("Which/What is the difference?")	２つ以上の事象や現象を比較し，その違いや類似性を探究する質問（解釈的な問い）。 ●「～と～はどう違うのか？」 ●「～と～の共通点は何か？」 　例）我々のまちと近隣のまちとでは，若者の流出の度合いは違うのか？ 　例）太陽光発電と風力発電の違いは？ 　　（エネルギー効率，設置コスト，環境への影響等）	物事の違いを見つけ，異なる視点から理解を深める力がつくが，なぜ違うのかの理解は難しく，混乱することもある。	違いを比較・検討する（人口，雇用，教育データ等）。比較表の作成，データの図示化で，違いやパターンを理解する。
3 推測型 （推測・仮説） "What if" or "How would"	未来の事象や現象について予測を立てる質問。 ●「もし～だったら，何が起こるのか？」 ●「～の結果，～にどのような影響が出るのか？」 　例）我々のまちに新しい産業が導入された場合，地域経済にどのような影響が出るのか？ 　例）学校に太陽光発電システムを導入したら，学校の電力消費量やCO2排出量にどんな影響があるか？	未来を予測し，新しいアイデアを生み出す力がつくが，予測は必ずしも当たらない。	類似のケーススタディを調査し，モデルを作成する。結果をシミュレートし，影響を予測する。
4 評価型 （評価・判断） "How much" or "To what extent"	価値や重要性を評価する質問（評価や判断）。 ●「～の価値は何か？」 ●「～は重要なのか？」 　例）我々のまちの伝統的な文化行事の価値は何か？また，それを維持し続けることは重要なのか？ 　例）太陽光発電を学校に導入すると，環境や経済に対してどの程度の価値があるか？	価値判断を行い，自分の意見を表現する力がつくが，意見が異なる場合には，対処する対人スキルも必要になる。	多角的な視点（行事の歴史，参加者の反応等）から意見を集め分析する。研究や論文で裏づける。重要性を判断する。
5 問題解決型 （問題解決・解決策） "How can" or "What can"	具体的な問題を解決するための質問（既存の知識を組み合わせて新しいアイデアや解決策を提案）。 ●「どのようにして～を改善できるのか？」 ●「～の課題を解決するためには何が必要なのか？」 　例）我々のまちの空き家問題を解決するためには，どのような施策が必要なのか？ 　例）私たちの学校に太陽光発電システムの導入・活用をどう実現するか？（計画や課題解決策）	具体的な問題を解決する力（解決策の発見・実行）が身に付くが，解決困難な難題の場合は挫折しやすい。	問題の規模と背後の要因（人口減少や流出）を調査し問題の全体像を理解する。他地域の事例を研究し，適用する。解決策を提案し，実行計画を立てる（実行する）。

どの問いに取り組むかで，身に付く力が異なることが分かるでしょう。
　全体的に見ると，５の「問題解決型の問い」を生徒にオススメしています。生徒が自分で問題を発見し，解決策を考え，それを実行するという一連のプロセスを経ることで，幅広いスキルを総合的に育てることができるからです。

②「実行可能性」を確認する

　例えば，「海洋汚染を全世界でどう減らすか？」という大きくて複雑な問題は，期限内に実行可能な解決策を見つけることは困難でしょう。

　そこで，「地元の海岸でプラスチックごみをどう減らすか？」と具体化すれば，「地元の海岸を清掃するボランティア活動を行う」，または「地元の学校でプラスチックのリサイクルの啓発活動を行う」など，実行しやすい解決策を見つけやすくなります。

③問題解決の範囲を設定する

　例えば，「日本の教育問題をどう解決するか？」という問題は，広すぎるので，「我々の学校の，英語授業における生徒の学習意欲を高めるためには何が必要か？」というように，「問題の範囲を狭める」ことが有効になります。範囲を狭めるとは，地域や対象，状況を絞るということです。

　イメージは，「こんなに小さな問題でもいいの？」と思うくらいに問いを絞り込むことです（後藤，2014）。

　例）広い問題：「地球温暖化の原因と対策は？」
　　　　↓
　　　狭めた問題：「我々の地域で，日常生活でできる温暖化対策は何か？」

　右頁では，「大きな問い」を「小さくて具体的な問い」にする例を紹介しています。参考になさってください。

【大きな問いを「小さくて具体的な問い」に変える方法】

【重要】「大きな問い」を実行可能な「小さくて具体的な問い」にする方法

探究の初期段階では、「大きな問い」を立ててしまうことが多くあります。例えば、「世界の飢餓問題をどう解決すればいいか？」です。これは、現在でも世界中で議論されていることであり、適切に答えるには、膨大な時間が必要でしょう。

学校の探究は期限があるので、「大きな問い」は、「小さくて具体的な問い」に変換してみましょう。「大きな問い」を「小さくて具体的な問い」にした例を見てみます（学校や地域レベルにすれば、実行可能で測定可能な目標になります）。

【文系（社会科学）】

分野	大きな問い	小さくて具体的な問い
都市計画	都市の持続可能な開発はどのように進めるべきか？	我々の地域で公共交通の利便性を向上させるための戦略は何か？
食糧問題	世界の飢餓問題をどのように解決するか？	我々の地域で食品ロスを減らすための方法は何か？
難民問題	国際社会は難民問題にどのように対処すべきか？	我々の地域で難民の支援やインクルージョンを進めるための取組は何か？
教育改革	教育制度の改革はどのように進めるべきか？	我々の学校で教育環境を改善するために何ができるか？
老後生活	老後生活の質をどのように向上させるべきか？	我々の地域で高齢者の生活の質を向上させるために、どのようなサービスが必要か？

【理系（自然科学）】

分野	大きな問い	小さくて具体的な問い
環境問題	環境問題をどのように解決するべきか？	我々の学校でのエネルギー消費をどのように削減するべきか？
気候変動	気候変動にどのように対応すべきか？	我々の地域で、気候変動の影響にどのように対処すべきか？
エネルギー	持続可能なエネルギーはどのように普及させるべきか？	我々の学校で、太陽エネルギーをどのように活用すべきか？
健康	健康の維持・向上には何が必要か？	我々の学校で、生徒のフィットネスと健康を向上させるにはどうすべきか？
人工知能	人工知能は社会にどのような影響を及ぼすか？	我々の学校で、人工知能の教育をどのように進めるべきか？

【大きな問いを具体的な問いに変えるには？】

❶問題解決の範囲（地域・対象・状況等）を狭めて「小さく、具体的」にする

複雑で大きな問題は解決が難しいため、小さく具体的な問題に分割すると解決策が見つけやすくなります。

例）「地球温暖化をどう止めるか？」➡「私たちの学校で、どうやって CO_2 排出量を減らせるか？」

例）「日本の教育問題をどう解決するか？」➡「私たちの学校の生徒の学習意欲を高めるために何が必要か？」

例）「日本の食文化をどう維持するか？」➡「私たちの地域の伝統的な料理をどう維持するか？」

❷「実行可能性」を確認する

実行できない解決策でなく、具体的に何をすべきか、どう行動すべきか実行できるものにします。

例）「海洋汚染を全世界でどう減らすか？」

    ➡「地元の海岸でプラスチックごみをどう減らすか？」「地元の海岸清掃ボランティア」など

❸SMART な目標を設定する（という考え方もあり）

目標は、具体的（Specific）、測定可能（Measurable）、達成可能（Achievable）、関連性のある（Relevant）、期限付き（Time-bound）なものにすると、生徒は実行可能な解決策を見つけやすくなります。

5 指導事例③
課題の設定のサポート方法は？

1 課題の設定は難しい

　探究の「課題の設定」で悩む生徒や教師は多いでしょう。これは当然です。この難しさをイメージするには，次の状況を想像してみてください。

　「あなたは大学院で研究することになったら，研究テーマはすぐに決められますか？」。多くの教師が難しいと感じるでしょう。探究学習における課題設定の難しさと一緒です。課題の設定は簡単ではない。それを認識して共感的な姿勢を持つことから始めるとよいでしょう。

2 課題の設定のサポートの仕方

　私は，課題の設定を少しでも促進できるように，まずは２つの資料を用いています。「課題の設定シート」（p.63）と「課題の設定お助けシート」（p.64）です。この２枚があるとずいぶん助かる生徒もいますので，ぜひご覧ください。

　次に，高校１年生などの課題の設定に慣れていない生徒には，地元企業に協力をお願いして「リアルな課題」を提供していただき，その中から生徒が選択するというシステムも有効です。このとき企業にお願いする用紙がp.65です。企業が寄せてくださった課題の例が，p.66（上部）です。

　最後に，課題を設定するには，先輩の見本（実例）に触れることが大いに役立ちます。例えば，pp.66-67のような「学部系統別」（進路）のものや，「SDGs別」のものです。一度作ると，後輩は課題のイメージがわきやすくなるので，作成をオススメいたします。

【課題の設定シート】

探究課題設定シート

生徒番号（　　　　　）名前（　　　　　　　　　　　）

1　自分の興味・関心・進みたい進路	例）釣り・教育
2　関連するSDGs （番号・名称・(ターゲット)）	例）4　教育（ターゲット4.7　持続可能な開発のための教育及び持続可能なライフスタイル，人権の推進）
3　その分野における問題点 （複数列挙） ＊調べて挙げる	例）持続可能な漁業（後継），海洋プラスチック，地域の漁業振興，釣りを通じた自然保護活動，交流など
4　どれに絞るか	例）海洋プラスチック問題
5　自分が取り組む 　探究課題（疑問文） ＊基本は「どうしたら～できるようになるか」（「もし」「なぜ」）	例）どのような授業をすれば，海洋プラスチックを削減し，持続可能な海の状態を保とうという気になるか。
6　その研究課題を選んだ理由（詳しく），自分との関連，どう周囲（世界）に貢献するか【重要】	例）自分は海釣りが好き。そのフィールドである海が，海洋プラスチック（マイクロプラスチック）の影響を受けている。教育を通じてSDGs14（海の豊かさを守ろう）の改善に貢献したいと考えたから。

7　情報収集 　　整理・分析 問題点の本質的理由や，すでに提案されている解決策がないかなどを調べて，比較・分類して整理 ＊情報を検索しつつ要点をまとめる。 ＊情報源は複数とする。 （1冊だけでなく）	例）書籍やインターネットで取組をできるだけ多く調べ，それらをヒントに特に効果的な解決策を考える。			
	■文献名			
	■著者名			
	■発行所名		■発行年	
	■文献名			
	■著者名			
	■発行所名		■発行年	
	＊論文・書籍以外：			

8　実行・実践方法 　（考えた解決策を実施） どう検証するか？	例）海洋プラスチックについてアンケート（状態把握），海洋プラスチックを学ぶ授業をつくり，実施する。
9　成果の見込み・すべきこと	例）授業ができれば，きっと喜んで学び，実践しようと思う生徒が出るはず。 すべきこと：出身小中の先生に早めに授業の許可を得る。校長先生からの公的な依頼状も必要か。
10　疑問点・不足事項	例）授業はどの時期に行うか。夏休みなら登校している一部生徒（放課後児童クラブ）を対象に考えるか。
11　先生確認欄	□OK（大丈夫そうです。次に進んでください。） □一部修正してみましょう。（　　　　　　　　　　）　　□他（　　　　　　　　）

【課題の設定お助けシート】

探究の進め方で迷っている人へ （「課題設定お助けシート」）

探究で悩んでいる人は，（1）〜（4）の順番に　探究を進めてみてください。

（1）自分の「興味・関心」と「希望進路」に関係する分野を書き出しましょう。

☑①「探究は自分の興味・関心分野で」という考えもありますが，さらに大学進学のことまで考えると，「自分の希望進路」にも関係した探究をすると，大学入学前にその分野に詳しくなり，情熱も生まれます。

☑②希望進路が未定の人も，少しでも関心がありそうな分野（進路一覧表など）を記入してみましょう。

希望進路：

（2）その分野で問題になっていることを調査して書き出しましょう。

☑①インターネットや図書館の本などを使って調べれば，その分野における問題点は数多く出てきます。

問題点（たくさん）：

（3）上で挙げた多くの問題点の中から，自分が特に関心のあるもの，解決したいことを選びましょう。

☑①その問題が「SDGs」とどう関連しているかも考えてみましょう。

＊「すべての問題は SDGs 17 目標のどれかと関連している」といわれています。

（4）次の観点を参考に，課題（問題を解決するアプローチ）を考えましょう。（参考文献より）

☑①個人的な関心事であり，かつ社会的に意味がある課題か。（SDGs と関連すれば大丈夫）

☑②期限内に答えの出る「検証や反証が可能な」課題か。

例）「神は存在するか？」「人生に生きる意味はあるか？」の問いは検証や反証が難しい。

☑③大きな課題は，「小さく」「具体的な課題」にサイズダウンしているか。

例）「環境問題を解決するには？」「平和な社会を生み出すには？」は，大きくて1つの研究での問題解決はプロでも難しい。調べ学習に終わり，常識的な提案で終わりがち。　→課題のサイズを小さく絞り，具体的にする。

例）環境問題→学校机の雑巾

☑④できるだけ How を使う問いにしましょう。（What だけで終わらない。Why も大切）

【探究課題の設定で苦労する場合のヒント】

探究課題の条件は，「自分の興味・関心」「SDGs（社会的な課題）」と「自分の進路希望」の重なった部分にする。

❶自分の興味・関心のあるものや分野を書き出す。それらに基づいて課題の設定を行う。

❷ SDGs について学ぶ（探究課題に SDGs を取り入れると，より社会的に意義のあるテーマを選択できる）。

❸希望進路分野を書き出す（探究課題が将来の進路やキャリアにつながるものになる）。

例）医療系を目指している生徒は，医療分野に関連する課題を探究する。

❹探究課題を設定する際に，生徒同士で意見交換する（アイデアの共有や議論を行う場）。

【参考文献】　林創ほか『探究の力を育む課題研究』（学事出版）

高校生に考えてほしい（提案してほしい）課題について〔お願い〕

　本校の探究活動にご理解・ご協力を賜り，誠にありがとうございます。この事業に係りお願いがございます。生徒が本事業に，より主体的，実践的に関わらせていただくために，御社の企業活動における課題の一端について，高校生が課題解決策を考えて提案させていただく機会を頂戴できないでしょうか。

　下の（2）に3つの課題例を挙げております。よければ例にならって（1）の5項目を簡易的にお書きくださいますと幸いです（担当者様のご意見でけっこうです）。課題の詳細や具体につきましては，6月実施予定の「ラーニングカフェ」にて生徒が直接お伺いいたします。なお，提案させていただける課題を複数あげていただけるようであれば，同じ枠をコピーして，（1）の下にお書きいただければ幸いです。

　いただいた課題の解決策を生徒が約半年間をかけて探究し，12月頃に御社（または本校）にて課題の解決策を生徒がプレゼンテーションさせていただけたらと思います。お忙しい中大変恐縮ですが，下の（1）にご記入いただき，メールに添付してのご返信をよろしくお願いいたします。

（1）御社の情報を下欄にご記入ください。

【会社名】（　　　　　　　　　　　　　　　　　　）

提案内容（要約）	
企業紹介	
課題や提案	
主な条件	
その他（あれば）	

（2）書き方例①

提案内容（要約）	食品関係「●●市を感じさせる菓子づくり」
企業紹介	本社は●●市で，菓子の製造・販売を行っている。AやBといった●●市を代表する菓子で有名。
課題や提案	第三の柱がほしい。今回高校生には，AやBに肩を並べるCの提案を行ってほしい。
主な条件	①●●市で生産された材料を使うこと（地産地消） ②食べた人が，●●市を感じさせるような菓子にすること ③提案する菓子のイラストを描くか，もしくは実物を作ること ④アピール力のある商品名をつけること
その他（あれば）	

（2）書き方例②

提案内容（要約）	スポーツ関係「地元野球チームの応援グッズの提案」
企業紹介	本野球チームは県レベルでは強豪チームの一つである。
課題や提案	チームの経営が赤字で，このままではチーム存続の危機に瀕している。チームの強化策や施設の充実費の費用を削減するのは難しい。そこでチームの経営を黒字化させるために，チームのファンを増やせるような応援グッズを提案してほしい。
主な条件	①現在販売中のグッズA，B，C，Dと重ならない，新しいものを提案すること ②ファン層を分析した上で，彼らにどのように使ってほしいのかを提案すること ③応援グッズのイラストを描くか，もしくは実物を作ること ④値段をつけること（できるだけ原価と販売価格の両方を）
その他（あれば）	

（2）書き方例③

提案内容（要約）	教育関係「中学生にアピールできるオープンスクールのチラシ提案」
企業紹介	本社は，中高生を対象とした教育機関（塾）である。
課題や提案	年に二度行うオープンスクールには，市内の中学生が約200名参加しているが，より多くの生徒に入会してほしい。参加者をさらに100名ほど増やせるためのチラシを提案してほしい。
条件	①紙ベースのチラシでも，オンラインで訴求できるチラシでもよい ②中学生がオープンスクールに求めるものを調査してそれを踏まえてほしい ③手書きでもパソコンでの制作でもよいが実物を作ること
その他（あれば）	

4章

【課題の設定の例（企業様からリアルな課題をいただいたもの）】

企業様からのリアルな課題例

（1）家具会社（世界的）
海外の人がほしいと思う「日本らしい家具」
の提案を。うまくいけば契約も。

（2）食と農業
地元農産物を使ったメニューの開発を。
メニュー集の作成に加えて、
うまくいけば商品化も。

実際に商品化された
トマトのカップケーキ
（フードロス対策）

（3）ホームセンター
30〜40代のヤングファミリー層に魅力ある
お店に作り変えたい。高校生目線で若者から
のアイデアの提案を。

【学部系統別の問い（生徒が作成した課題の設定文）】

学部系統別 「探究課題」の例

学部	探究課題
人文	図書館を利用した地域活性化のために何ができるか？
人間 科学	著作権の理解度、認知度を上げるにはどうすればよいか
	効果的な音声伝達が行える条件とは何か
教育	父親の育児参加による子どもへの影響は何か
	芸術を通して障がいを持つ人の能力を引き出すために何ができるか
法学	若年層の投票率が低下しているのはなぜか
経済	福山市に若者が訪れるにはどうしたらいいか？
	どのようにしてキャッシュレス決済を広げていくか
社会	火星で安全に生活できるのか？
国際	日本で災害が起こった時に、自治体や施設は在日外国人にどのような対応をすればよいか
	日本の多文化共生教育を進めるには
理学	スマホを落とした際に画面が下になることを防ぐにはどうしたらよいか
工学	サステナブルなシューズとは
	循環型社会におけるエコな建築とは
獣医	動物の殺処分がゼロになるためにどのようなことができるか
薬学	どうすれば子供の薬嫌いが改善されるのか
	マスクの種類と飛沫の関係とは？
芸術	こころの病はアートでサポートできるのか
	学校ブログを使いやすくするためには

【SDGs別の問い（生徒が作成した課題の設定文）】

SDGsとリンクした探究課題①

SDGs	探究課題の例（実行）
1貧困	貧困問題をなくすために高校生ができることは （他校とのプログラム参加）
2飢餓	どうしたらスーパーの食品ロスをなくせるか（企業連携）
3福祉	外国人にやさしい医療サービスにするには（英語パンフ作成）
4教育	勉強の質を上げる筆記用具（鉛筆）とは（各種鉛筆で実験） 戦争・平和教育をどうすべきか（小学校で平和学習授業実践） 「やさしい日本語」を知ってもらうには？（日本語ボランティア） SDGsを自分事として捉えてもらうには？（SDGsカード添付）
5ジェンダー	LGBTQの人たちがより良い生活を送るために（アンケート） 育児ノイローゼを減らすには？（施設体験、ポスター作成）
6水と衛生	発展途上国の生活を良くするためにできることは？ （カンボジアで実際に井戸掘り）
7エネルギー	電力消費量削減のためにできることは（身近な解決策提案）
8経済成長・雇用	備後の観光業促進のためにできることは （尾道、福山、三原で調査し魅力を動画作成、観光甲子園）
9産業と技術革新	スマホを落としたときに画面が下にならないためには （落下の計算、実験）

SDGsとリンクした探究課題②

SDGs	探究課題の例
10不平等	SNSでの誹謗中傷をなくすには（防止を呼び掛ける動画作成） 本当に必要な校則とは（アンケート調査、生徒会・教員連携）
11まちづくり	人々がほしがる日常でも使える防災グッズとは（調査・制作） 子どもの交流、遊び場を作るには（小学校でレク実施） 若年層に福山の郷土料理うずみを広げるには（取材、動画）
12つくる責任，つかう責任	食品ロスを減らすためには（フードバンクでインタビュー） ビニール袋を使わず生活するには（紙袋での消費量実験）
13気候変動	換気と空調で効率的な省エネを実現するには （換気による気温変化や風通しを調査）
14海の豊かさ	海洋資源を活用する地元の活性化には（企業調査、イベント）
15陸の豊かさ	生物が減少した近くの川の水質は（水質調査→綺麗を提案） 動物殺処分を減らすには（現状調査、ボランティア団体活動）
16平和と公正	いじめ問題を減らすには（調査） 著作権は正しく伝わっているか（アンケート、予想外の現状）
17 パートナーシップ	取組なし

5章 「情報の収集」の指導のポイント

1 「情報の収集」のポイント
─信頼性の高い情報の収集のために必要なこと

1 「情報の収集」とは？

探究プロセス（p.32参照）の2つ目は，「情報の収集」です。これは，課題解決に必要な情報を収集する段階です。具体的には，観察，実験，見学，調査，追体験，交流などを含みます。

2 「情報の収集」のポイントとは？

情報の収集におけるポイントは，次の通りです（文科省，2019，2023）。

①学習活動によって，収集できる情報の違いがあることを理解する
・「数値化した情報」（電力使用量や発電の実験等）
・「言語化した情報」（インターネット，文献，インタビュー等）
・「感覚的な情報」（体験談を聞き「便利になった」「もったいない」等）
＊体験を通した主観的で感覚的な情報だけでなく，数値化された客観的な情報などを収集することが探究活動の質を高める
②課題解決のための情報の収集を自覚的に行う（体験活動が何のためか）
③収集した情報を適切な方法で蓄積する（数値化や言語化，デジタルデータ，作文やカード，探究ノート等，様々なデータとして蓄積）
④他者（友人，異年齢，保護者，地域の方等）と協働して取り組む活動（観察，実験，見学，調査，追体験，意見交換，交流等）を取り入れる
⑤各教科・科目等で身に付けた資質・能力を発揮して情報を収集する（国語の話し方や聞き方，エネルギーに関する理科や地歴科の内容等）

3 「情報の収集」を支援する活動例は？

　次のような方法から，生徒が自ら選ぶ（自律的）ことが重要です（文科省，2023）。

例① 「観察・実験」をして情報を収集する

・実験等で客観的なデータを手に入れ，説得力のある提案とする。

　例）地元のまんじゅうに合う地域のお茶を明らかにする実験（甘味や苦み，渋みなど味覚の6要素で分析し，共通点を明らかにする）

例② 「各メディア」で情報を収集する（一つに偏らずに活用）

・書籍：信頼性，確実性ともに高い。
・新聞：情報の信ぴょう性は比較的高い，地方紙は地域独自の情報も多い。
・テレビ：ニュースなどは速報性，情報の信ぴょう性は高い。
・ネット：圧倒的情報量，質はばらつきあり，統計資料も入手しやすい。

例③ 「統計資料」から情報を収集する

・公的機関が発信している統計資料は，信頼性が高い。日本の統計が閲覧できる e-Stat（政府統計の総合窓口）が便利。検索してデータをダウンロードし，自分たちでグラフなどを作成するのが望ましい。

例④ 「インタビュー」で情報を収集する

・訪問と画面越しのリモートインタビューがある。相手の専門的な知見や体験談などの情報を得られる。取材準備をしてから臨む。

例⑤ 「アンケート調査」で情報を収集する

・紙やウェブアンケートなどがある。多くの意見を集めて傾向を知ることができる。聞きたい内容を答えやすい設問や回答形式などを検討する。

　次の頁で，「情報の収集」での「生徒の悩み」とその「乗り越え方」を紹介します（3年間の生徒アンケートのまとめから得られた知見）。

【探究の「情報の収集」プロセスでの「（生徒の）悩みごと」と「乗り越え方」】

探究の「情報の収集」プロセスでの「悩みごと」と「乗り越え方」は？（生徒アンケートより）

1 「情報の収集」における「生徒の悩みごと」5選は？

悩みごと（1）資料不足や情報収集の困難（資料不足で適切な情報を見つけるのに悩む）
悩みごと（2）提案やアイデアの難しさ（創造的な提案やアイデアを考えるのに悩む）
悩みごと（3）ネット関連の困難（ネット情報の信頼性や正確性，アクセス制限の問題で悩む）
悩みごと（4）具体的な対象への関心や知識不足（関心が乏しい，前提知識の不足で悩む）
悩みごと（5）インタビューやアンケートの難しさ（情報収集で回答者の協力を得るのに悩む）

2 「情報収集」で何に悩み，どう乗り越えるか？（ヒントの発見）

悩みごと（1）資料不足や情報収集の困難

適切な情報を見つけるのに苦労し，調査対象に関する資料の不足を感じました。特に特定のトピックに関する情報が限られている場合や，公式情報が少ない場合に問題が生じました。
　例）（資料の少なさ）「対象に関する情報やデータが限られていて，十分な材料が手に入らない」
　　　（検索難）「必要な情報を探したが，適切な情報が見つからなかった」
　　　（信頼性）「見つけた資料が古かったり，信頼性が低かったり，情報の出所が不明確だった」

【乗り越える工夫】

❶情報収集の多様化
　●「信頼性の高いサイトや公式情報源を特に重視した」
　●「休日に外出し，実際に現地を訪れ，直感的な情報や雰囲気を捉えた。情報収集を体験に基づいて行った」
❷専門家や周囲の人との対話
　●「メンバーや先生と相談し，アンケートの作成や実施方法を共に考えた」
　●「ラーニングカフェや企業訪問で，専門家や関係者から貴重な意見や情報を引き出した」
❸実地体験に基づく情報収集
　●「現地に足を運んで課題や状況を実際に見て，問題点を特定した」
　●「資料館やイベントを実際に体験し，状況や雰囲気を感じ取って情報収集を行った」
❹情報の取捨選択と評価
　●「複数の情報源を比較し，信頼性の高い情報を見極めるために時間をかけた」
　●「根拠のある情報を選び出し，課題解決に役立つデータを集約した」
❺情報を活用した課題解決と提案
　●「情報をもとに，現実的かつ実行可能な提案を重視した」

悩みごと（2）提案やアイデアの難しさ

創造的な提案やアイデアを考えることが難しく，どのようなアプローチをとるべきか悩みました。新しい視点や斬新なアイデアの発想に苦戦することがありました。
　例）（発想の難しさ）「新しいアイデアや提案を考えるのが難しく，頭の中でうまくまとまらない」
　　　（可能性）「提案やアイデアが実現可能かを判断するのが難しく，具体的な手段が見えなかった」
　　　（目新しさ）「他と被らない独自の提案を考えることが難しい（既存アイデアとの差別化）」

【乗り越える工夫】

❶情報の整理と焦点の絞り込み
　●「知りたいポイントや質問をリストアップし，議論を絞り込んだ」
　●「質問やアイデアをマインドマップに整理し，関連性のある情報を視覚的につなげて整理した」
❷複数情報の統合と整理
　●「グループ内で情報を持ち寄り，話し合いをして共通のアイデアを見つけまとめた」
　●「各メンバーがテーマごとに情報を収集し，多様な情報を発表して共有しあった」
❸信頼性の確認と情報の判断
　●「複数のソースから同じ情報を取り出して確認作業をした」
　●「専門家へのインタビューや相談を通じて，自分の考えの妥当性を確認した」
❹解決策への活用と提案の具体化
　●「情報をもとに分析をして，問題点や強みを整理し，具体的な提案を洗練させた」
　●「アイデアを形にし，試作品を作って提案し改善点の助言をもらった（再度作り直し）」
❺フィールドワークの活用
　●「実際に何度も様々なフィールドワークを行い，問題の現状や声を取材し，その情報を提案に反映させた」
　●「関連する人にインタビューを行い，声を聞いて提案の具体性を高めた」

悩みごと（3）ネット関連の困難

ネット上の情報を活用する際に，信頼性や正確性の問題が生じることがあります。また，アクセス制限や情報の過剰な量に対処することも難しさとして挙げる生徒もいます。

例）（アクセス規制）「学校や端末でのネット利用が制限され，必要な情報にアクセスできなかった」
　（情報過多）「適切な情報の選別が難しく，大量の情報から必要な情報を見つけるのが困難」

【乗り越える工夫】

❶直接情報源へのアプローチと実体験の活用
●「現地に足を運んで観光地やお店を訪れ，情報を直接収集した」
●「企業の関係者や専門家に直接インタビューや質問を行い，信頼性の高い情報と助言を得た」

❷ソーシャルメディアや協力者との連携
●「SNS を使用してアンケートを実施し，幅広い視点から多くの人の意見を集めた」
●「友達，先生などの意見を取り入れ，複数の視点からの情報を得た」

❸多様な情報源の活用と整理
●「ネットだけでなく，書籍や論文などの異なる情報源を活用して情報を収集した（正確性）」
●「多様な情報を整理し，比較検討することで，偏りのない情報収集と信頼性の確保を図った」

❹自己効力感の醸成と主体的な取組
●「情報を自分で集め，問題解決の方針を考え，アイデアを練り，試みた」
●「効率的に情報収集するため，複数の端末を同時に使用して情報を確認した」

❺複数手段の情報処理と整理
●「膨大な情報から重要なポイントを抜き出し，探究ノートに整理したり要約したりした」
●「情報をノートに色分けしたり，枠を作成して整理したりした（視覚的な整理）」

悩みごと（４）具体的な対象への関心や知識不足

特定の対象についての関心が乏しかったり，事前の知識が不足していたりする場合，調査を進めるのが難しくなりました。対象に関する基本的な知識の不足が障害となりました。
例）（理解不足）「対象に関する事前の知識がなく，課題に取り組む前に基本的な情報を学ぶ必要」
　（興味）「対象への興味や関心が薄く，情報収集や提案に対するモチベーションが低かった」

【乗り越える工夫】

❶複数の情報源からの情報収集と比較
●「川の汚れの原因を調べる際，複数の情報源からデータを収集し，事前の知識不足をカバーした」
●「公式サイトを活用して関連情報を発見し，駅の実績や人口の減少データを把握した」

❷自分での情報判断と選定
●「誹謗中傷に関するグラフを作成する際，信頼性のあるデータを選び，情報の信頼性を高めた」

❸直接の経験やインタビューの活用
●「現地調査と対象の体験グリスロに乗って現地で体験することで，対象への理解が深まった」
●「ホテルの取組について企業訪問を通じて情報を収集した」

❹教師や専門家からのアドバイス
●「先方に失礼のないように先生に文章の工夫をしてもらったり，チェックを受けたりした」
●「バレエと舞踊の違いについて周りの人に聞いたり，母親の意見を聞いたりして情報を集めた」

❺先行事例の分析と類推
●「いろいろなファッション雑誌を読んで，テーマについての基礎知識を得た」
●「新型コロナの流行と関連づけて患者数の予測をする際に，論文や本を引用して裏づけた」

悩みごと（５）インタビューやアンケートの難しさ

他者とのコミュニケーションや情報収集のためのインタビューやアンケートの実施が難しさとなりました。適切な質問の組み立てや，回答者の協力を得ることに課題を感じました。
例）（質問）「適切な質問を考えるのが難しく，有益な情報を引き出す質問を作るのが困難だった」
　（集計・分析）「アンケート結果を集計・分析するのが大変だった」

【乗り越える工夫】

❶チームワークと分業による共同作業
●「友達と協力してアンケートを行い，役割分担をすることで難しさを克服した」
●「姉に手助けを頼んで協力を得ることで，アンケートの実行に取り組むことができた」

❷情報整理
●「50 個ほど質問を考えて，さらにメンバーで厳選して，インタビューの質問をまとめた」

❸実地体験
●「実際に現地を訪れ，体験を通じて情報を得ることで，課題に対する具体的な理解を深めた」

❹アンケート結果の分析と読解力の向上
●「アンケート結果から傾向や意見を読み取り，他者の考えを理解した」
●「複数の情報から必要な部分を要約し，効率的な情報伝達を行った」

❺解決策の選定と先見の明
●「解決策を選ぶ際，期間や場所，かかる費用を考えて，適切な選択肢を見つけた」
●「単に問題解決策を出すのではなく，将来的な展望を考慮して問題に取り組んだ」

2 「情報の収集」で「教師が困ること」と「解決テクニック」

　探究プロセスにおける「情報の収集」とは，課題解決に必要な情報を収集する段階です。ここでは，情報の収集の指導で教師が困ること（問題点）と，それに対処するための実用的なテクニックをご紹介します。

> 困ること1　信頼性の高い情報源を判断できない
> 困ること2　情報が多すぎて何を参考にすればよいか分からない
> 困ること3　情報を批判的に考えて分析する力が足りない
> 困ること4　著作権に関する知識や理解が不十分である
> 困ること5　情報収集における時間管理が適切に行えない

　以下，それぞれの困りごとと解決法について説明します。

困ること1　信頼性の高い情報源を判断できない

　信頼性の低い情報を使うと，誤った情報を活用してしまう可能性があります。ネット上の情報は特に注意が必要。信頼性のある「公的なサイト」や「学術機関」のデータベースを利用するなど，情報源の確認を徹底しましょう。

解決テクニックA　信頼性のある情報検索をする

　一般的に，生徒は「ネット」か「図書館」で調査を始める傾向がある（がもう，2018）。信頼性の高いメディアやデータベースを指導することで，より質の高い探究が可能になる。

解決テクニックB　メディアの特性を利用しバランスよく活用する

書籍	信頼性，確実性ともに高い（編集段階で情報が何度も精査されている）。＊学校の図書館の専門の司書に尋ねると，必要な書類や資料の選書を手伝っていただける
新聞	情報の信ぴょう性は比較的高い，地方紙は地域独自の情報も多い，見出しだけでも情報がつかめる。
テレビ	ニュースなどは速報性，情報の信ぴょう性は高い。
ネット	速報性は極めて高い，情報量は圧倒的，情報の質は大きなばらつき，倫理や人権上の問題や著作権を侵害している情報もある。＊統計資料，報告書，論文などが PDF で掲載されており，簡単に入手可能

＊稲井（2023）を参考に作成

解決テクニック C Wikipedia の使い方を確認する

Wikipedia は初歩的な情報の収集には便利だが，信頼性は限定的。ページ下部のソースを確認し，さらなる調査に活用するのが一つの方法。

解決テクニック D 信頼性のある参考文献を参照する

「参考文献」は信頼性の高いもの（論文・書籍・新聞等）を採用し，「ネット検索のみは認めない」という条件を設定する方法もある（p.27参照）。

困ること 2 情報が多すぎて何を参考にすればよいか分からない

生徒が必要な情報を見つけるのに迷うことがあります。解決法として，効率的な検索方法やキーワードの選び方を指導し，必要な情報のみを検索します。

解決テクニック A 信頼性のある情報を検索する方法（「ドメイン検索」）を知る

「ドメイン検索」を使えば，信頼性の高い情報に絞って検索が可能。ドメインとは，「サイトの運営機関の分野的特性」のこと。

.co.jp	企業など	.go.jp	政府機関など	.com	一般的な商業組織
.ac.jp	大学・研究機関など	.or.jp	会社以外の法人	.net	ネット関連団体
.ed.jp	大学以外の教育機関	.org	非営利団体	.pref	各県サイト

レポートや論文を書くために信頼性の高い情報やデータを得るには，大学（.ac.jp）や政府機関（.go.jp）の発信情報に着目する。例えば，「検索語　.ac.jp」と検索すると，大学などの研究者が作るサイトにたどり着く。

解決テクニックB 論文や学術情報を検索する（Google Scholar）

　解決テクニックAで「信頼性のある情報を検索する方法」に「論文」や「文献」検索もある。この，「論文や文献の検索に特化」したものがGoogle Scholar。これで検索すると，関連論文が一気に検索でき，必要な情報に素早くたどり着ける（複数探すこと）。大学での研究活動を一足先に体験できる効果もある。

---

❶ Google Scholar を開く（検索する）。= https://scholar.google.co.jp/

❷ Google Scholar で「調べたいキーワード」を入力する。

❸検索結果の先頭に [PDF] といった表示がある場合は，その論文を PDF でダウンロードできる。

　例えば「フードロス・高校生」で調べると，次の画面が出てくる。発表された「期間を指定する」，「複数キーワードを入れる」等の調整も可能。

期間指定なし	[PDF] **フードロス**に関する調査と保育実践への活用
2023 年以降	勝浦美和 - 四国大学学際融合研究所年報, 2023 - shikoku-u.repo.nii.ac.jp
2022 年以降	…⑵職種 職種は,学生(**高校生**)4 人,学生(短大・大学・大学院・専門学校)328人,教職員17人,会社員
2019 年以降	2 人,園児の保護者 6 人であった. 回答者の約94%が,10代,20代であることから,本調査は,主に学生…
期間を指定…	☆ 保存 ⁅⁆ 引用 関連記事 全 2 バージョン ≫
関連性で並べ替え	令和 4 年度秋季大会 **高校生**による研究発表最優秀賞を受賞して
日付順に並べ替え	黒岩夕綺 - 日本水産学会誌, 2023 - jstage.jst.go.jp
すべての言語	… この点でも,バッタの栄養価 を安定させる点では厳しい可能性があるが,残渣物を飼料に用いる
英語 と 日本語のページを検索	など**フードロス**削減も期待できる.技術的・社会的にも昆虫ミール,バッタは大変将来性があること が…
	☆ 保存 ⁅⁆ 引用 関連記事 全 3 バージョン
すべての種類	[PDF] **高校生**のまちづくり参画と SDGs のコラボレーション―その可能性と課題 を探る―
総説論文	陣内雄次 - 宇都宮大学共同教育学部研究紀要. 第 1 部, 2021 - uuair.repo.nii.ac.jp
	… その結果, **高校生**が主体的にまちづくり, SDGs 11 に取り組む上での大人の役割などを明らかに

解決テクニックC 統計資料を参照する

　国の機関から公示されている統計情報は，大本のデータが公開されてい

る。オススメは，e-Stat（政府統計の総合窓口）。検索してデータをダウンロードし，基本は自分たちでグラフなどを作成する。ネット上で公的機関が発行している統計資料からデータを収集できる。

困ること3　情報を批判的に考えて分析する力が足りない

収集した情報を単に並べるだけで分析しないと，探究の質が低下します。

解決テクニックA　問題解決のフレームワークを導入する

SWOT分析やフィッシュボーンダイアグラムなどの問題解決のフレームワークを導入し，生徒に批判的に問題を分析する方法を教える。

これにより，生徒は問題の根本原因を探究し，複雑な問題に対しても批判的に考える能力を高めることができる（分析の詳細は6章参照）。

解決テクニックB　ディベートやグループディスカッションをする

「まちづくり」のテーマに基づいて，ディベートやグループディスカッションを行う。例えば，「公園の新設場所」などの具体的な問題を議論する。

他者（学級の友達，異年齢，保護者，地域の方等）と協働して取り組む活動（観察，実験，見学，調査，追体験，意見交換，交流等）を取り入れる。

解決テクニックC　実地調査・インタビューを実施する

数値データに表れない情報（システムや人の問題等）は，実際に現地に出向き，インタビューして意見を聞いたり，地域の特性を観察したりする。

解決テクニックD　優れた研究や成功事例の分析をする　　　　＊中村（2023）参照

すべての生徒に先行事例の研究を奨励する。検索して自分と同様のことに取り組んでいる成功事例を探し，それ以上にするために何が必要かを考える。

困ること4　著作権に関する知識や理解が不十分である

正しい引用と著作権の理解が不足すると，他人の作品を不適切に使用し，法的問題が起こる可能性があります。

解決テクニックA　著作権の基本について生徒と確認する

正確な引用法と著作権法についての指導を行う。

●剽窃（プレイジャリズム）の回避

　他人の作品を自分のものとして提示する剽窃は不正行為（正確な引用と属性の表示が必要）。

●正しい引用の方法

　他人の作品を引用する際は，作者名，出版情報，URL 等の情報を明記する。

解決テクニックB 情報収集する際は，引用元をメモしておく

　引用や参考文献の表示方法は，ガイドラインによって異なるが，次のような情報を記しておくとよい。

・作者名：作品の作者または編者のフルネーム
・作品のタイトル：書籍，記事，ウェブページなどのタイトル
・出版社：書籍の場合，出版社の名前
・URL：オンラインソースを引用する場合は完全な URL
・アクセス日：その情報にアクセスした日付

解決テクニックC 生徒が実際に引用する練習をする

　正しい引用方法を経験する。互いに引用の正しさを確認し合う。

困ること5 情報収集における時間管理が適切に行えない

　生徒が情報の収集に多くの時間を費やしすぎることがあります。時間管理ができないと，プロジェクトの進行が遅れるおそれがあります。

解決テクニックA 明確な期限の設定をする

　プロジェクト全体の期限を明確にし，各プロセス（情報の収集，整理・分析，提案作成など）にどれだけの時間をかけられるか計算する。

解決テクニックB 定期的な進捗チェックと意見・助言をする

　生徒が予定通り進んでいるかを定期的に確認し，適切なアドバイスを行う。

解決テクニックC マンダラートなどで時間管理（締切）を作成する

　タスク管理ツールやカレンダーの使用など，時間管理の技術を教える。例えば，都市計画の各段階に対応するタスクリストを作成する（p.104参照）。

解決テクニックD 調べたことは「メモする」

　何も言わないと，生徒は多くの情報を読み飛ばしてしまう。後で確認できるよう，2種類のメモの仕方を教える。

・紙ベースでのメモ（初心者も実行しやすい。グループでの即座の情報共有がしやすい）

・端末のメモ帳やスライドなどにメモ（後でデータとして共有しやすい）

解決テクニックE 情報は蓄積する

　得た情報は，数値化や言語化し，デジタルデータ・探究ノートなど，様々な形のデータとして蓄積する。

【ノートの活用例】

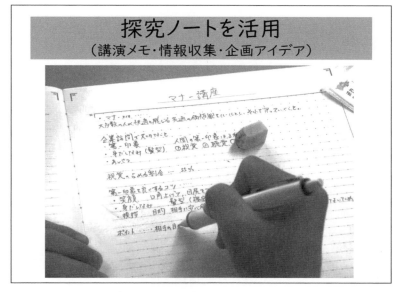

解決テクニックF グループ探究の場合は，グループで情報を共有する

　同じスライドを共有して共同編集して使ったり，Google ドライブなどのクラウドを活用して文書をアップしたりして，情報を共有する。

3 指導事例① 「一次資料」と「二次資料」の違いとは？

　探究学習では，様々な資料に出会います。資料は大きく「一次資料」と「二次資料」に分けられますが，何が違い，それぞれどのように活用すればよいのでしょうか。

	一次資料	二次資料
特徴	オリジナルの情報源。出来事，経験，考えなどを直接伝えるもの	一次資料を基に作られた（解釈や評価がなされた）情報源
例	インタビュー，実験や調査の結果，政府文書，公的な統計データ	学術論文，書籍の解説，新聞や雑誌の記事，ウェブサイト
情報の価値	最も原始的で偏りが少ない	専門家の意見や解釈が含まれる（見方の偏りがある可能性）
使用目的と使い分け	オリジナルの視点を得たい場合や，特定の事象や現象について深く理解したい場合に有用 例：特定の歴史的事件についての研究	広範囲の情報を速やかに把握したい場合や，既存の研究や意見を理解したい場合に有用 例：気候変動に関する最新の研究を知りたい場合

　以下，情報の収集における資料活用のポイントです。

❶多角的な視点（複数の情報源）で信頼性を高める
　一次資料や二次資料を複数の情報源から集め，バランスよく比較することで（共通点・相違点），より客観的な結論を得られる。
❷「一次資料」の活用も目指す
　二次資料は探究を進める上で大変参考になるが，オリジナルな探究を

行うには，自分で一次資料にアプローチしてみよう（岡本，2021）。

　以下のストーリーをお読みいただくと，一次資料と二次資料をどのように使って探究活動を行うのか，イメージをつかんでいただけます。

【実際の探究学習で両方の資料をどのように使うか（ストーリー）】

　ある生徒は，「まちづくり」をテーマに，自分たちの地域の課題を知り，地域活性化の可能性について探究することに決めました。

　初めに，生徒は地元の図書館や市役所で，「古い地図」や「写真」，「昔の新聞記事」などの「一次資料」を調査。さらに，地域住民にインタビューを行いました。これらの一次資料を分析することで，地域の歴史と現状に対する理解が深まりました。

　次に，「二次資料」を使って，他地域や諸外国でのまちづくりの成功事例や失敗事例を調査。「学術論文」や「専門書」「報道」などから，多角的な知識を得ました。

　このようにして，生徒は「一次資料」と「二次資料」の力を借りて，地域の交通問題や環境問題，地域活性化の新しいアイデアまで，様々な仮説を考えました。

　そして最終的には，「一次資料」として，「地域の住民にアンケート調査」を行い，彼らの意見や要望を集めました。また，地域の「統計データ」や「市役所の公式報告書」を「二次資料」として活用。これらのデータを分析し，仮説の妥当性を評価しました。

　今後は，この提案をまとめて行政と地域のリーダーに提案を行うことを目指しています。

---

4 指導事例②
「フィールドワーク」（現地調査）成功のポイントは？

O フィールドワークでは7つのポイントを押さえる

　探究学習では，実際の現場に足を運んでの情報収集も大切です（フィールドワーク，現地調査）。実際の場で感じ，経験することで新たな知見を得て，好奇心が高まります。フィールドワークの目的には，調査や聞き取り，観察などがあります。以下，成功への7つのステップを確認しましょう。

1 訪問目的を設定する

　事前に明確な訪問目的を設定します。例えば，「現地訪問することで現場を見たり理解を深めたりする」「生産者にインタビューして疑問点を解消する」などです。明らかにしたいことも，事前に準備をしておきます（例：「いつ～は始まったのか？」「～についてどんな取組をしているのか？」）。

2 訪問先と日程を計画する

　訪問目的を設定したら，目的を達成できそうな訪問先を検討します。生徒が自分で探すほかに，先生や地元の専門家，行政の方に紹介してもらう方法もあります。訪問先を決めたら，先方の許可をとります。先方と訪問目的や具体的な内容，日程について相談して許可を得ます。また，訪問に関する情報は学校の先生とも共有するよう促しましょう。訪問先によっては，後ほど，学校から正式な電話連絡や文書送付が必要なこともあります。

3 予備調査は万全に

　フィールドワークを有意義にするためには，訪問先や調査対象についての

事前学習が欠かせません。例としては，「先方のサイトを詳しく読む」「訪問先で尋ねたい質問や観察したい点について情報を収集する」などです。

　インタビューを行う際には，事前に質問を整理して先方に送りましょう。適切な回答を得られる可能性が高まります。

4　安全確保と訪問先への行き方や留意点を確認する（安全管理）

　フィールドワークでは，学校外に出るために，より安全で誠実な行動が必要です（p.83で□に✓しながらポイントを確認してください）。

5
章

5　フィールドワーク中にメモをとる，質問をする

　フィールドワーク中には，質問や気づきを「その場で」メモに残しましょう。後になると細部の再現は困難です。メモは，「メモ帳に直接ペンで書く方法」や，「タブレットペンを使って画像と共に記録する方法」があります。

　訪問先での撮影や録音については，使用目的や範囲を明確にし，事前に可否を確認しましょう。特定の撮影制限がある場合もあります。例えば，「お客様を前方から撮影してはいけない」といった指示があることもあります。

6　お礼状を書く：スピードと具体が命

　フィールドワークが終わったら，数日以内に，先方にお礼状（手紙やメール）を送りましょう。「スピードは誠意」です。形式的な表現だけでなく，「具体的な点」も記述すると，誠意が伝わりやすくなります。

　お礼状の書き方や形式は，ネットを参考に作成することで，書き方も学べます。書き終えたら，教師に内容を確認してもらうよう促しましょう。

　また，成果物が完成したらそれも届けましょう。関係者はその後，どうなったか気にされているものです（後藤，2014）。

　次頁は（アスパラ収穫体験後の）お礼状です。

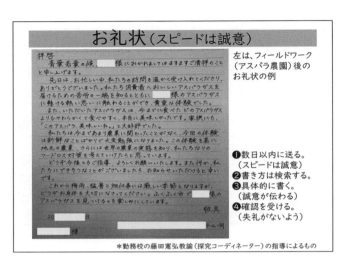

お礼状（スピードは誠意）

拝啓
　青葉若葉の候　　　　様におかれましてはますますご清祥のことと申し上げます。
　先日は、お忙しい中、私たちの訪問を温かく受け入れてくださり、ありがとうございました。私たち消費者へおいしいアスパラガスを届けるための苦労の一端を知るとともに　　　様のアスパラガスに懸ける熱い思いに触れることができ、貴重な体験でした。
　また、いただいたアスパラガスは、今までに食べたどのアスパラガスよりもやわらかくて食べやすく、本当に美味しかったです。家族にも、「このアスパラ、美味しいわ。」と大好評でした。
　私たちは今まであまり農業に関わったことがなく、今回の体験は新鮮なことばかりで大変勉強になりました。この体験を基に地元の農業、さらには世界の農業の実態を知り、私たちなりのフードロス対策を考えていけたらと思っています。
　どうぞ今後ともご指導、よろしくお願いいたします。また何か、私たちにできそうなことがございましたら、お知らせいただけると幸いです。
　これから梅雨、猛暑と畑仕事には厳しい季節となりますが、どうぞお身体を大切になさってください。ふくふく市で　　　様のアスパラガスを見つけるのを楽しみにしています。
　　　　　　　　　　　　　　　　　　　　　　　　　　　敬具
２０　　　　　　　　　　　　　　　　　　　　　　十人一同
　　　　　　様

左は、フィールドワーク（アスパラ農園）後のお礼状の例

❶数日以内に送る。
　（スピードは誠意）
❷書き方は検索する。
❸具体的に書く。
　（誠意が伝わる）
❹確認を受ける。
　（失礼がないよう）

＊勤務校の藤田憲弘教諭（探究コーディネーター）の指導によるもの

7　記録を整理・分析する

　フィールドワーク後は，気づきや学び，質問やその回答などをまとめておきましょう。グループでなら，Google などの「共同編集機能」が便利です。
　その際，フィールドワークごとにスライドを分けるのではなく，同じファイルに次のようなスライドを追加していくと，「集合知」となります。

【情報収集】 フィールドワーク後の記録は「画像」と「メモ」で

【アスパラ販売】
　話を伺うと、アスパラは生産されたうち、6割（スーパーで販売）、3割（畑に廃棄）、1割（B級品として販売）のよう。
　この4割（3割＋1割）は、先端が曲がっているなどが理由のよう。とすれば、その活用法として、アスパラの先端が曲がっていても大丈夫なように「パスタなどの炒め物」という利用拡大策はどうだろう？（調べよう）

【トマト販売】
❶規格外が出やすいトマト販売。旬は6月～10月とのこと。豊松で作られたものが多い。
❷この販売方法は参考になる。右側は売れ残っているのに、左側は全て売れている。左側にはポップがある。「こだわり栽培トマト」など。何らかの形でメディアに取り上げられ、それをこうしてうまくポップに活用すると売上は大きく伸びそうだ（販売方法の参考に）。

●フィールドワークで学んだことは、スライドに「画像」と「メモ」をまとめる。
　（グループでの探究でも、共同編集で各自の情報を追記し、他者と共有する）

【校外活動に参加する際の留意点】

【重要】校外活動に参加する際の留意点 15 箇条

　校外活動に参加する際は、次のような点に注意し、「安全に」「誠実に」「責任をもって」行動しましょう（□を1つずつ☑しながら確実に確認しましょう）。

（1）計画段階での注意事項

□①校外活動は教育活動の一環です。事前に自分で「活動のねらい」を明確にして参加しましょう。
　　【今回の校外活動におけるあなたの「ねらい」は？（よく考えて書いてみましょう）】
　　●
　　●

□②自宅から離れた場所での活動に参加する際は……
　　●日程，目的地，経路，交通機関等を検討して「安全に」参加しましょう（保護者とも確認を）。
　　●特に，「新しい」経路や交通機関を選ぶ場合は，より入念に確認しましょう。

□③参加前に予期しないことがあった場合（事故，体調不良，天候等の急変）は……
　　先方と連絡して日程の変更等，臨機応変の対応をしましょう。
　　【先方の連絡先は？（調べてメモしておきましょう）】
　　●

□④念のため活動日全体の「保険」をかけておきましょう（ネットで入れる1日保険など多数あり）。

（2）当日の注意事項

　【事例紹介（小学生対象のボランティア活動）】子どもの前で私語をする，特定の人とだけ話をする，活動に必要なエプロン等を持参していないなど，気になる言動があった。子どもの前に立つ意味を考えて参加していただきたい。

□⑤活動に「適切な」服装，携行品，所持金としましょう（適切さは活動内容で異なる，過剰は避ける）。

□⑥誰かに任せきりではなく，「主体的に」「責任感をもって」参加しましょう（お客さんではない）。

□⑦「他人の迷惑になる言動」はやめましょう（集団の秩序を乱す，器物破損など）。
　　活動先によって注意点は異なります。担当者の方から特に注意することを聞いておきましょう。
　　【メモ】
　　●
　　●

□⑧活動中の「健康状態」に注意しましょう（熱中症や食中毒等についても）。

□⑨活動中や自由時間でも，「非行」を犯したり，「被害」を受けたりしないようにしましょう。

□⑩自分の持ち物は「整理整頓」し，紛失や盗難等が起こらないように各自でも注意しましょう。

□⑪万一，「事故」が起きた場合は，すみやかに関係先や医療機関に連絡をとりましょう。
　　【必要な連絡先は？】
　　●

□⑫宿泊を伴う場合は「万一の災害」に備えましょう（施設の状況，特に非常口や危険箇所の確認）。

（3）活動後の注意事項

□⑬活動後は，学んだことを細かく「振り返り」をして，貴重な経験を成果として残しましょう。

□⑭できるだけ早く誠実に先方に「お礼」を伝えましょう（学んだ点を具体的に記したお礼状など）。

□⑮経験から得た学びを「今後の生活や生き方に活かして」いきましょう。

（出所）文科省「小学校，中学校，高等学校等の遠足・修学旅行について」を参考に加筆・修正を施して作成

---

5 指導事例③ 「インタビュー」の効果的な準備とは？

1 インタビューの特徴：貴重な情報を手に入れるテクニック

続いて，情報の収集における「インタビュー」の特徴を見てみましょう。

- 自分たちが知りたい項目を尋ねることができる
  （ウェブサイトなどには公開されていない情報も含めて）
- 事前に質問項目を先方と共有しておけば，より正確な情報を得られる
  （「言っておけば，正確な数字を調べておいたのに」との指摘もある）
- インタビュー中に，臨機応変に新たな質問を追加できる
  （先方の許可を得た時間内で）
- インタビュー中に記録をとっておかないと，後の整理・分析が難しい
  （音声録音や撮影をする場合は，必ず先方の許可を得て行う）

2 インタビューの質問内容の事前準備

成功するインタビューには，事前準備が欠かせません。

- 質問項目の共有
  インタビューで尋ねたい質問項目は，事前に先方に伝えておく。
- 共同編集の活用
  複数人で探究を行う場合には，共同編集機能を活用して質問項目をまとめておくと便利（共同編集機能は，Google スプレッドシートなどで，複数人が同時に同じファイルを編集することができる機能）。

先方への質問を考える際は，事前に（グループなどで協力して）50個ほど考えておくのがオススメです。メンバー全員の「名前」と「質問」を記入する欄をまず作成します。各自が質問を考え，その中から皆で精選します。質問文にタグをつけておくと内容による分類も簡単です。

【フードロス対策について協働した店舗への質問項目（一部）】

先方への質問作り（グループで協力）

ラーニングカフェが行われます。

目的は、企業と課題をしっかりと理解し、課題解決につながる情報を得ることです。

そのために、効果的な質問をする必要があります。

効果的な質問は、すぐに考え付くのは難しいかもしれません。

そこで一人10個くらい考えて、最終的に皆で10〜30個くらいにまとめたいと思います。

各自のスペースに記入してください。その際、タグの欄にキーワードを載せて下さい。あとで分類しやすくなります。

		質問	タグ	通し番号	重要度
例	上山晋平	廃棄アスパラをうまく活用している全国的な事例があれば、その事例と成功要因をご紹介ください。	アスパラの活用法		
		今やってる食品ロスの改善策はありますか？あったら教えてください。	食品ロスの改善策	1	★
		どの世代の人がよくふくふくいちのものを買っていますか？	客層	2	
		売れ残ったものはどうしていますか？	売れ残りの行方	3	★
		地元産品を活用した、おすすめのレシピは何ですか？	アスパラの活用法	4	★★★
		1番売れているものは何ですか？		5	
		企画対象商品と正規の商品の値段の差は？		6	
		来客が多い時間帯は？		8	
		コロナで客層は変わったのか。どう変わりましたか？		9	
		ふくふくいちでの一年間の食品ロスの量は？		10	★
		個人の農家さんがアスパラガスをふくふく市で売っているんですか？	アスパラ農家さん…	11	

【企業の担当者が来校され，課題について話し合っている場面】

6章 「整理・分析」の指導のポイント

1 「整理・分析」のポイント
―情報を整理し，分析する方法とは？

1 「整理・分析」とは？

探究プロセス（p.32参照）の3つ目は，「整理・分析」です。これは，蓄積した情報を整理・分析して思考する段階です。

収集した情報自体は，相互につながりのない個別なものであり，課題に対して不要なものや，不足するものがあったりします。そこで，情報間のつながりを発見するために，これらを「種類ごとに分けて整理する」「細分化し因果関係を導き出して分析する」ことなどを通して情報の本質を思考します。

2 「整理・分析」のポイントとは？

整理・分析におけるポイントは，次の通りです（文科省，2019，2023）。

×収集した情報をそのまま模造紙に書き写して発表する（思考・判断不足）。

①どのような情報が，どの程度収集されているかを把握する（数値化した情報と言語化した情報では扱いや必要な量が違う）

②どのような方法で，情報の整理や分析を行うかを決める

●数値化された情報→統計的な手法でグラフ化（折れ線，円グラフ等）

●言語化された情報→カード整理，時間軸，複数情報のマッピング等

③「考えるための技法」（思考ツール）の活用を意識して思考・分析する（情報を「比較する」「分類する」「序列化する」「関連づける」「因果関係を捉える」など）

3 「整理・分析」を支援する活動例は？

次のような方法から，生徒自ら選ぶことが重要です（文科省，2023）。

例① 「時系列」で整理・分析する（目的に応じた視点で）

・情報を時系列に並べ替えることで，変化や手順を明らかにできる。

例）商店街の変遷について文献や聞き取り調査で情報を収集する。「年ごとの店舗数」や「町の人口」を対応づけて時系列に並べ替える。

例② 「グラフ化」して整理・分析する

・データをグラフ化することで，特徴が目に見えやすくなる。特徴に応じてグラフを使い分ける（棒グラフ：量の多寡比較，折れ線グラフ：変化の傾向，円グラフ：全体の中での構成比，ヒストグラム：度数分布）。

例③ 「テキストマイニング」で整理・分析する

・アンケート調査の自由記述や，インタビュー調査での大量の文字情報から，全体の傾向や，関連の強い言葉を可視化できる（p.95参照）。ユーザーローカル社の「AIテキストマイニング」は無料で使いやすい。

例④ 「統計的手法」で整理・分析する

・統計的に整理・分析すれば，特徴を捉え，事実関係を推測できる。

・総務省統計局の「なるほど統計学園」では，統計の基礎知識やグラフの作成方法，データの解析方法などについて紹介されている。

例）「歩数と平均寿命の関係」を分析する。データを表にし，データの散らばりを散布図で表す。2つの指標の相関の強さを分析する。

例⑤ 「思考ツール」で整理・分析する

・目的に応じた思考ツールを使う。

例）ベン図（比較），コンセプトマップ（比較），クラゲチャート（理由づけ），ロジックツリー（具体化）等

次の頁で，「整理・分析」での「生徒の悩み」とその「乗り越え方」を紹介します（3年間の生徒アンケートのまとめから得られた知見）。

【探究の「整理・分析」プロセスでの「(生徒の)悩みごと」と「乗り越え方」】

探究の「整理・分析」プロセスでの「悩みごと」と「乗り越え方」は?(生徒アンケートより)

1 「整理・分析」における「生徒の悩みごと」5選は?

悩みごと(1)情報の信頼性や選択の難しさ(信頼性のある情報の発見や選択に悩む)
悩みごと(2)目的に合ったアプローチの難しさ(アイデアの実行や具体化に悩む)
悩みごと(3)情報の整理とまとめ方の難しさ(大量の情報をどう整理・取捨選択するかに悩む)
悩みごと(4)ターゲットの理解と予測の難しさ(解決策考案のためのターゲット設定に悩む)
悩みごと(5)提案内容の具体化の難しさ(アイデアを具体的な計画や手順にするのに悩む)

2 「整理・分析」で生徒は何に悩み,どう乗り越えるか?(ヒントの発見)

悩みごと(1)情報の信頼性や選択の難しさ

信頼性のある情報を見つけることが難しく、ネット上の情報が散在していて判断が難しいと感じる生徒がいます。情報源が多岐にわたり、どの情報を選ぶべきかを決めることに悩むようです。
　　例)「信頼性のある情報を見つけるのが難しく、何が正しい情報なのか判断するのが難しかった」
　　　　「情報源がたくさんあって、どの情報を使うべきかを決めるのが難しかった」

【乗り越える工夫】

❶ **情報を整理・可視化する工夫**
　●「アンケートを実施してみんなの意見をもらい、先生から提供された資料を活用した」
　●「Excelを用いてグラフや表を分かりやすくまとめ、重要な情報を取捨選択した」
❷ **グループワークを活用する工夫**
　●「友人に軽いアンケートを実施しながら、情報の収集とまとめを迅速に行った」
　●「チーム内で協力し、アンケート結果や意見をまとめ、重要なポイントを取り出した」
❸ **相談やアドバイスを活用する工夫**
　●「図書館司書の先生に相談し、適切な本を探してもらった」 ●「関連する論文を検索して読んだ」
　●「ギャラリーウォークでアンケート結果を収集し、周囲の意見を取り入れ多様な視点を得た」
❹ **質問や調査を活用する工夫**
　●「ほしい情報を整理し、それに基づく具体的な質問を用意するなど地道に情報収集を行った」
　●「電話インタビューや直接調査を通じて、問題の原因や関連情報を確かめた」
❺ **自己の強みを活かす工夫**
　●「テレビや新聞からの情報を重視し、手元にある情報を有効活用する力を養った」
　●「アンケート結果や得意分野を活かしてHPや宣伝を行った」

悩みごと(2)目的に合ったアプローチの難しさ

アイデアはあるものの、実際にどう実行するか分からず、また、良いアイデアを具体的なプランに落とし込むのが難しいようです。さらに、最適なアプローチ方法を選び抜く難しさに迷う人もいます。探究力がついた。
　　例)「アイデアはあるけど、それを実際にどのように行動に移すべきかが分からなかった」
　　　　「良いアイデアはあるけど、それを具体的なプランにするのが難しかった」

【乗り越える工夫】

❶ **アイデアの発想と整理**
　●「ネットなどで調べてアイデアをたくさん出した」 ●「電話でインタビューをするなどして、直接原因を確かめた」
　●「例を参考にしてどういった内容を書けばよいのか考えた」
❷ **情報収集と分析**
　●「図書館司書の先生に相談をして合った本を探してもらったりしながら多くの情報を収集した」
　●「多くの論文を読み、解決策の方向性をある程度決め、先行研究を調べて、足りない情報は自分でアンケートを行って足した」
❸ **問題解決と提案**
　●「先生方にアドバイスをもらいながら制作し、根気で集計した」
　●「頑張って同じ企業グループの中で色々案を練り、分析した。分析力がついたと思います」
❹ **視点の切り替えと他者への配慮**
　●「まず企業訪問に行き、『どのような層に人気がある商品か?』『商品強みはどこか?』と質問をし、この商店の魅力を分析してから、商品を引き立てる新しいものを提案した。探究力がついた」
❺ **プレゼンテーションとコミュニケーション**
　●「友人に軽いアンケートなどをとりながら、時間短縮し情報をまとめた」
　●「まずはチームのメンバーで役割を分け、分担しながら短時間で効果的に整理や分析をした」

悩みごと(3)情報の整理とまとめ方の難しさ

大量の情報を整理して伝えることが難しく、どの情報を取捨選択すべきか迷う生徒がいます。また、「情報の論理的なまとめ」や「情報整理の不足」からプレゼンにまとめることに苦労します。
　　例)「たくさんの情報をまとめて伝えるのが難しく、どの情報を取捨選択するべきか迷った」
　　　　「調べた情報を論理的に整理してプレゼンテーションに落とし込むのが難しかった」

【乗り越える工夫】

❶情報整理の方法・ツールの工夫
- ●「ノートに大事な部分を抜粋してまとめる，Excel でアンケート結果をグラフ化した」

❷外部情報利用・参考意見の取り入れ
- ●「ネットの意見だけでなくアンケートを用いて周囲の人の意見も取り入れた」（多様な情報源）
- ●「箇条書きに書いたり，同じような情報は書き加えたりして分かりやすくした」（情報の整理）

❸アンケート・調査の活用
- ●「ボランティアに参加することで，情報収集した」（実地調査）
- ●「共同研究者と手分けをして，アンケートを集計した」（協力を活用したアンケート分析）

❹問題解決や改善の視点の工夫
- ●「身近なことで解決できる課題を選択した」（小さな課題）
- ●「アイデアカを使って解決方法を見出した」（創造的なアイデア）

❺実体験や実地調査に基づく工夫
- ●「甘酒など高校生でも飲めるものを飲んで感想を書いた」（実際の経験をもとに情報整理）
- ●「実際に自分たちが現地のバスに乗ることで，自分の課題があっていたのかどうかを考えた」

悩みごと（4）ターゲットの理解と予測の難しさ

誰をターゲットにすべきかを判断する難しさや，ターゲット層の好みやニーズを理解し，適切なアプローチを考えることの難しさを感じています。また，相手の反応や意見の予測も難しいようです。
　例）「ターゲット層の好みやニーズを理解するのが難しく，どうアプローチすればいいか迷った」
　　　「ターゲットの反応や意見の予測が難しく，どうアプローチすればいいのかが分からなかった」

【乗り越える工夫】

❶ターゲット層の理解を深める
- ●「アンケートやインタビューでターゲット層の意見を集めた」
- ●「ターゲットの居住地や文化背景を調査し，それに合ったアプローチを考えました」

❷ターゲットの好みやニーズの分析
- ●「類似商品やサービスを提供している他社の事例を調査し，成功要因を分析し，提案を洗練」
- ●「アンケートの結果を詳細に検証し，好みやニーズのパターンを見つけました」

❸ターゲットの反応や意見の予測
- ●「シミュレーションをしてターゲットの反応を予測した。失敗要因を事前に洗い出せた」
- ●「小規模な実験や試作品づくりをして，ターゲットの反応を実際に確認し，微調整した」

❹協力とコミュニケーションの工夫
- ●「メンバーと協力してアイデアを出し合い，多様な視点から意見を取り入れた」
- ●「グループで話し合いをして，異なる意見やアイデアを得ることができた」

❺アプローチの工夫
- ●「実際の場面や状況を想定してお菓子の試作品を作ってみた」
- ●「途中でうまくいかなくなり，取組を変更した。新たな対象に基づくよい方法を見つけた」

悩みごと（5）提案内容の具体化の難しさ

提案内容を実現する段取りや手順を考えることが難しいようです。
　例）「アイデアはあるけど，それをどう具体的なプランにするかが分からなかった」
　　　「提案内容を実現するためのステップや手順を考えるのが難しく，具体化が難しかった」

【乗り越える工夫】

❶アイデアの具体化
- ●「友人や先生と協力してスライドを作成した。間に合わない部分はアドリブで対応した」
- ●「企業の魅力を分析するために，アンケートや質問を通じて商品の強みや需要を明確にした」

❷目標の設定と実現手段の考案
- ●「企業の方や先生と相談し，様々な意見を組み合わせて最終的な提案内容を決定した」
- ●「自分がお客さんだった場合，どんな需要があるかを考えて，提案内容を具体化した」

❸情報整理と選別
- ●「SNS の活動を通じて情報を発信し，ハッシュタグを活用して多くの人にアプローチした」
- ●「提案内容が説得力を持たない部分があり，データを用いて裏づけ説明の説得力を高めた」

❹協力とコミュニケーションの活用
- ●「グループ内で異なるアイデアを出し合い，メンバーが納得できる提案を選んだ」

❺実践的なアプローチの検討
- ●「元々あったアイデアを捨てて，高校生の興味を引くものを考えた」
- ●「3人や5人のグループを作り，それぞれの分担を考え，重心を置くべき部分を明確にした」
- ●「アイデアを実際に行動に移す際に，どのような反応があるかを想定して対策を考えた」

2 「整理・分析」で「教師が困ること」と「解決テクニック」

　探究プロセスにおける「整理・分析」とは，蓄積した情報を効果的に分析して効果的な課題解決策についての理解を深める活動です。

　この段階で選ぶ分析手法は，「テキストマイニング」から「図解」，「カテゴリー分け」まで多種多様。適切な方法はプロジェクトの目的によります。

　このプロセスは，新しい発見を生み，それが課題解決のための新たな仮説（課題解決策）を生むことがあります。

　この「整理・分析」の指導で教師が困るのは，次のような点です。

> 困ること1　データの整理方法が分からない
> 困ること2　情報が多すぎて分析が難しい
> 困ること3　適切な分析方法が分からない
> 困ること4　深い考察をするのが難しい
> 困ること5　主観と客観の適切なバランスが難しい

　以下，それぞれの困りごとと解決法について説明します。

困ること1　データの整理方法が分からない

　生徒がどのようにデータを整理すればよいかが分からず，分析が停滞することがあります。

解決テクニックA　共通テンプレートを提供する

　例えば，都市の公園の利用状況調査プロジェクトでは，エクセルやスプレッドシートで項目を統一することで（公園の名前，場所，設備，利用者数など），分析がスムーズにできる。

解決テクニックB　地域別分析を導入する

　地域ごとの交通渋滞問題を解析するなら，都市部，郊外部，田舎部など異なる地域の交通データを整理し，各地域の渋滞の原因やパターンを分析する。

解決テクニックC　情報の分類・整理をする

　情報を，「カードに整理する」「出来事を時間軸で並べる」「マップなどの空間軸に整理する」ことで，情報間のつながりを発見する。エクセル等で項目を分け情報を分類・整理する（どの情報にもリンクしないものは捨てる）。

困ること2　情報が多すぎて分析が難しい

　情報が多すぎる場合，どの情報を重視し，どう整理するかの判断が難しい場合があります。生徒が情報の優先順位をつけられずに，分析が停滞するなどです。

解決テクニックA　目的を明確にする

　探究学習の目的やテーマに対して，生徒は何を知りたいのか，どの情報が必要なのかを明確にすると，重要な情報に焦点を当てて分析できる。

解決テクニックB　情報の分類と優先順位づけをする

　収集した情報をカテゴリーごとに分類し，重要度や関連性を評価する。優先順位をつけることで，どの情報から分析を始めるべきかが明確になる。

解決テクニックC　段階的な分析をする

　全体の情報を一度に処理しようとせず，段階的に分析を進める。最初は大まかな分析から始め，徐々に詳細に深掘りしていく。

解決テクニックD　アナログ・ツールも併用する

　ICT機器だけでなく，探究ノート（p.77参照）や付箋など「アナログ・ツール」も併用する。メモや自分のアイデアや考え，ラフスケッチを書くときは，手書きも活用する。直感的でスピーディーで関連づけもしやすい。

困ること3　適切な分析方法が分からない

　例えば，都市計画，交通，環境，社会福祉などの分析では，「統計分析」

か，「比較分析」かなどの分析方法の判断が難しい場合があります。

解決テクニックA 分析方法の研修をする

　以下のような分析手法（高度な機器が不要なもの）を学ぶ。

データ分析の例
（高度な機器を必要とせずに実施可能なもの）

	数値データ（定量的データ）	言語記述データ（定性的データ）
特徴	数値に基づく分析	主観や感情などの意見に基づく分析
方法	平均、中央値、最頻値、分散、標準偏差などの統計量を求める。散布図で相関関係を見るのも可能。	インタビューやアンケートで得られた意見をまとめ、カテゴリーやテーマに分けて整理する。類型化や内容分析を行い、頻出する意見やパターンを見つける。
利用場面	数値データが豊富な調査や実験	人の意識や感じ方、経験を知りたい場合など、数値化が難しい情報を取得など（商品の使用感やサービスの質に関する意見収集など）
利点	・客観的な評価が可能 （具体的な数値で事実を示す）	・深い感情や考え方を捉えられる ・数値だけでは得られない情報を得られる
欠点	・背後の感情を捉えにくい ・解釈の方法によっては誤解を招く可能性がある ・少数の異常値や外れ値の影響を受けやすい	・分析者の主観が影響する可能性 （分析者が異なれば他の結果に） ・インタビューや分析に労力がかかる ・一般化が難しい（特定の文脈や条件下での情報のため）

解決テクニックB 表計算ソフトで分析する

　アンケート結果を表計算ソフトで分析する。アンケート項目を数値化しておけば，その数字を選んだ人数などを即座にまとめてグラフ化できる。

解決テクニックC 専門家の協力を受ける

　専門家を招いて，共同で指導することで，生徒に適切な分析方法を教える。

解決テクニックD 思考ツールを活用する

　整理した情報について，「比較する」「分類する」「序列化する」「関連づける」「因果関係を捉える」等意識して分析・思考する活動を取り入れる。

解決テクニックE ICT や生成 AI を活用する

　Google フォームなどを使うと，収集した情報は自動でグラフ化される。

自由記述の回答においても，生成 AI で指示を出すことで，傾向別に分類・整理・結果の分析が可能（ただし，本書執筆時点では，生成 AI の使用については年齢制限等があるので，文科省の生成 AI の利用ガイドライン等に基づき各校が適切に判断する）。

困ること4　深い考察をするのが難しい

「分析した後の考察が難しい」という問題があります。

解決テクニックA　「浅い考察」と「深い考察」の違いを知る

pp.96-97を参照のこと。

困ること5　主観と客観の適切なバランスが難しい

意見や感想だけで分析を進めると偏りが生じる可能性があり，客観的な数値データだけに頼ると，個人的な視点や解釈が欠けるおそれがあります。

解決テクニックA　課題解決に必要な2つの情報を分析する

課題解決を進める上での主要な情報源は，大きく「数値データ」と「インタビューで集めた意見」の2つ。具体的な目的に応じて収集された数値データを分析し，数値の傾向などをつかむ。さらに，数値だけでは捉えられない要素をインタビューを通じて明らかにし，「本質的な問題」と「取り組む課題」（対処法）を明確にする（齋藤，2023）。

解決テクニックB　フィールドワークを実施する

生徒を実際の現場を訪れ，住民の意見を直接聞く。同時に，その地域の統計データや情報も収集させる（データと意見のバランス）。

3 指導事例① 思考ツール，使いこなせていますか？

1 思考ツールって何？

「思考ツール」（＝思考を補助するための道具）とは，探究プロセスの「整理・分析」の段階で役立つ手法です。

例えば，「ベン図」（比較する），「コンセプトマップ」（関係づける），「フィッシュボーン」（理由づける）などがあります。「考える」とは，比較，関連づけ，理由づけ，構造化など，多くの意味があります。思考ツールは，こうした多角的な「考える」を助ける方法です（泰山，2023）。

以下，理解しやすく，誰でも使いやすい２つの技をご紹介します。

2 マンダラートとは？

マンダラートは，アイデア出しに便利なツールです。私は，中嶋洋一先生（元関西外国語大学教授）から学び，効果を実感して実践し始めました。

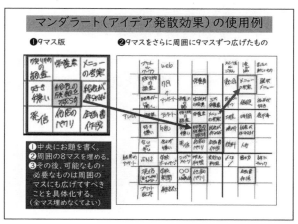

①9マスの中心にお題を書く。

②周囲のマスに関連するアイデアを記入する。

　紙にメモをするより，この形式の方が，脳が自動的に空欄を埋めようとしてアイデアが出てくることに驚かれるでしょう（多少の空欄は構わない）。

　黒板に実際にゆっくりと書きながら説明すると，生徒は，どのようにマンダラートを作るかがよく理解できます。

　このマンダラートは多目的で，「整理・分析」や「課題解決策の実行・検証」段階のアイデア出しにも活用可能です。

3　テキストマイニングとは？

　テキストマイニングは，アンケートの自由記述などで得た意見を，瞬時に全体像として把握するのに便利なツールです（視覚的な理解を得られる）。

① AIテキストマイニング by ユーザーローカルを開く。

https://textmining.userlocal.jp/

②「1つの文書を解析」タブに解析したいテキストを入力する。

　Google フォームの回答結果を活用する場合は，回答結果を Google スプレッドシートに転記し，解析したい文章すべてをコピーして貼り付けます。

③「テキストマイニングする」ボタンをクリックする。

④「ワードクラウド」などで，全体の傾向を考察する。

　下は，探究の発表会での「今後の改善点」をまとめたものです。

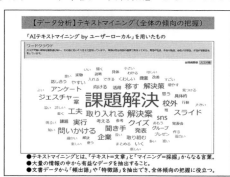

4 「浅い考察」と「深い考察」の違いとは？

指導事例②

1 「深い考察」はなぜ重要か？

探究学習の「整理・分析」プロセスにおける「考察」は，頭を悩ますパートの一つです。「深い」考察を目指す理由はなんでしょうか？

●**深い理解**

深い考察をすると，事実の把握以上に，背景やつながりも理解できます。

●**問題解決**

考察が深いと，問題の本質的な原因が明確になり，効果的な解決策が見つかりやすくなります。

●**コミュニケーション能力**

考察がしっかりしていると，自分の意見を他人にも理解してもらいやすくなり，分かりやすく伝えられます（コミュニケーション能力）。

2 「深い考察」は，他のプロセスでも重要

「深い考察」とは，事実を並べるのではなく，どうつながっているのか，どう解釈すべきか（仮説を立てるか）を積極的に組み込む必要があります。

この「深い考察」は，他にも多くのプロセスで重要な働きをします。

例えば，「課題の設定」（問題を深く理解しよい課題を設定），「情報の収集」（必要なデータとその解釈方法を考える），「整理・分析」（結果が何を意味するかを考察），「まとめ・表現」（考察が深ければ，説得力のある結論や提言が生まれる），「振り返り」（改善点を特定し，次に活かす）です。

以下，「浅い考察」と「深い考察」の違いを，がもう（2018）を基に事例を加筆・追記してポイントを見てみましょう（テーマは「まちづくり」）。

【浅い考察のポイント】

❶要約に留まる（調査結果の要約だけで，深い分析や解釈がない）
　例）「この調査で分かったことは〜である」

❷一般論に流れる（体験や実験なしで誰にでも分かる一般的な情報）
　例）「地球上には多様な文化がある」

❸根拠の薄い主張（一見妥当に見えるが，具体的な内容や根拠が不足）
　例）「資源は大切にすべき」

【深い考察のポイント】

❶複数の情報の組み合わせ（実験結果や過去の研究など，複数の情報を
　組み合わせて新しい解釈や仮説の設定）
　例）「この地域で観光資源を高める戦略は，歴史的な建造物と現代の
　　　都市計画を組み合わせる方策が考えられる」

❷体験ベースの考察（実験や観察などの体験を基にした深い分析や考察）
　例）「公共交通の不便さから地域の活性化が阻害されているように見
　　　受けられる。バス路線の再構築や自転車レンタルの促進などが必
　　　要ではないか」

❸具体的な証拠（詳細な記述により具体的に理解が可能な内容）
　例）「商店街の空き店舗率が10年で20％増加。地域住民とのインタ
　　　ビューから，若者の流出と高齢化の進行が原因と考えられる」

❹自分なりの視点（自分の視点や疑問を明確に提示し，それに基づいて
　分析）
　例）「公園の少なさが屋外での遊び場所を減少させている。都市計画
　　　で，公園や緑地がなぜ少なくなったのか，今後どう改善すべきか
　　　を深く考察する必要がある」

7章 「課題解決策の実行」の指導のポイント

1 「課題解決策の実行」のポイント

1 「課題解決策の実行」とは？

文科省の示す探究プロセス（p.32参照）には明記されていませんが，私は探究学習は，単なる「調べ学習」の段階で終わらせてはいけないと考えます。最も重要なのは，自分が提案した「課題解決策」を実際に「実行・検証」するステップです（p.30参照）。そこで生徒は多くを学ぶからです。

例えば，自分たちが整理・分析して考えた課題解決策を実際に実行（実験・調査・創作）し，完了後には結果を分析します。

2 「課題解決策の実行」のポイントとは？

「課題解決策の実行」におけるポイントは，次の通りです（文科省，2023）。

○考えや提案をもとに，他者から得た考えや意見を踏まえ，課題解決策を再構成し，実際に取り組む。（課題解決策を実行して，解決策の効果や妥当性を検証する）

3 「課題解決策の実行」を支援する活動例は？

具体的な活動例を見てみましょう（文科省，2023）。

例①「実験・観察・研究」で実行する（理系の実験研究など）

・まず「問い」を立てる（例：音はどのように伝わるのか，音波を可視化する方法の仮説を立てる）。次に，仮説を検証する実験を行う。最後に，実

験の考察を行い，結論を導く。

例②　「インタビューや実地調査を伴う質的研究」で実行する

・「問い」を立てる（例：20代，30代の起業はどうなっているか，どのような分野の起業が多いか，起業に思い至ったのはどのような経緯からか）。次に，20代，30代の起業家を選び，インタビュー調査をする。最後に，インタビューの検証と分析を行い，考察し，結論を導く。

例③　「プロジェクト」で実行する

・環境に配慮したまちづくりプラン（実験や実証はややしにくいが，解決策の実行は可能）

【「まちの活性化」をテーマにした解決策の実行アイデア例】
（高校生が実行し，結果を評価しやすい探究活動の例）

例１）まちのイベントの企画・開催（地域の特産品や文化を紹介するフェス）

例２）まちの美化活動（まちを美しくし地域住民の誇りや魅力のアップ）

例３）まちの情報発信（観光スポットやグルメ情報を SNS 等で発信）

例４）課題解決アイデアのプレゼン
　　　（渋滞解消や空き家問題解決策を地域住民や関係者に）

例５）ストリートアートの（許可を得て）制作
　　　（魅力的な場所に合う壁画や立体作品を制作）

例６）コミュニティカフェの開設
　　　（地域住民が集う場所を作り，運営やメニュー開発・交流）

例７）ツーリングマップの制作
　　　（魅力的な場所をリサーチしマップにして観光客の誘致）

　次の頁で，「課題解決策の実行」での「生徒の悩み」とその「乗り越え方」を紹介します（３年間の生徒アンケートのまとめから得られた知見）。

【探究の「課題解決策の実行」プロセスでの「（生徒の）悩みごと」と「乗り越え方」】

探究の「課題解決策の実行」プロセスでの「悩みごと」と「乗り越え方」は？（生徒アンケートより）

1　「課題解決策の実行」における「生徒の悩みごと」5選は？

悩みごと（1）実行方法の不明瞭さ（実際の活動や実行方法，進め方が分からず悩む）
悩みごと（2）成果の未知（実行しても結果が予測できず，効果がないかもしれないと不安で悩む）
悩みごと（3）アイデアや提案の難しさ（適切な解決策やアイデアを考えることが難しくて悩む）
悩みごと（4）リソースの制約（解決策の実行に必要な時間や費用，材料などの資源の制約に悩む）
悩みごと（5）実行の障壁（実行の際に様々な障壁があり，乗り越える方法が分からずに悩む）

2　「課題解決策の実行」で生徒は何に悩み，どう乗り越えるか？（ヒントの発見）

悩みごと（1）実行方法の不明瞭さ

実際の活動や実行方法が分からず，進め方が分からないという困難を感じる人がいます。
例）「実際の活動や手順が不明確で，どう進めればいいか分からない」
　　「初めての作業や動画編集の操作が難しく，実行のハードルが高いと感じる」
　　「解決策を具体的な行動に移す方法が分からず，実行に対する不安がある」

【乗り越える工夫】

❶他者の助けを借りたり，参考にしたりする
　●「パソコン操作が得意な友人に相談しながら予定の倍の時間をかけて完成させた」
　●「グループの人に聞いたり，ネットで見た情報を参考にしたりして，自分ができる実行をした」
❷試行錯誤や実践による工夫
　●「様々な解決策を提示して，できそうなこととできたらいいだろうということまで策を考えた」
　●「作業を完璧にするために，探究の授業で準備をした（アクセサリー作りの時間を計るなど）」
　●「アスパラを荒く切るのと細かく切るのを混ぜ合わせて作ると，風味も今まで以上に濃く感じた」
❸失敗から学ぶ工夫
　●「提案も含めて発表することにして，失敗も利用した」
　●「失敗を恐れずに実行することで自分に自信がついた」
❹情報収集や研究に基づく工夫
　●「なぜうまくいかなかったのかを考えた」
　●「実際に作ってみるのではなく，それ以前に必要な材料を考えたり袋詰めの仕方を考えた。作れなかったから他のことを考える決断力がついた」
❺実践や実行に焦点を合わせる工夫
　●「何回も行い平均を取ることできれいな結果を取ることができた」
　●「他市町村の朝市を地元に持ってくる＆他の企業と連携することで関係人数を増やした」

悩みごと（2）成果の未知

実行しても結果がどうなるか予測がつかず，効果がないかもしれないという不安があります。
例）「実行しても成果が予測できず，どれだけ効果的なのかわからない」
　　「実行の結果が目に見えず，失敗する可能性や効果不足に対して心配」

【乗り越える工夫】

❶直接的な試行と実行に関連するもの
　●「何種類もやったがうまくいかなかった」　●「実行して，結果をもとに考えて乗り越えられた」
　●「アスパラ以外にも旬の野菜を使ったジェラートの試作品を作りたい」
　●「計5回試作をした。友達や家族に食べてもらい，感想をもらって分量を変えたり，混ぜ方を変えたりして3回目の企業発表で試食してもらい，『おいしい』などお褒めの言葉をいただいた」
❷情報収集・リサーチに関連するもの
　●「実際に取り組んでいる地域での様子を調べた」　●「昨年のアンケートの活用」
　●「SNSで同世代に消費行動についてのアンケート調査を2回行った」　●「家に帰っても調べた」
　●「ネットで，めんこの角を少し曲げたり，厚さを出したら良いとあり，参考に作り直した」
❸他者の意見・アドバイスを取り入れるもの
　●「友達に自分の意見を見てもらって客観性を高めた」
　●「最初に提案（課題解決策）から，先生や友人に助言をもらって案を練って，良い提案にした」
　●「仲間と協力する力→得意なことを活かし，意見を出し合いながらできた」
❹視点・対象の変更・再定義に関連するもの
　●「解決対象を妊婦さんから周りの人に変えた。妊婦さんへの理解を高めるために皆に呼びかけた」
　●「書く紙ではなく包装紙やHPでの発信など，視点を変えると多くの使い道があると感じた」
　●「実現が難しいと教えてもらい，それを踏まえて実現可能な範囲で若者に人気が出るような提案を考えた。この時，自分の立場になって考える力がついたと思う」
❺具体的な提案・アイデアの改善
　●「一つひとつの課題に対してなぜなのかという原因を見出して課題解決への要素を発見した」

悩みごと（3）アイデアや提案の難しさ

適切な解決策やアイデアを考えることが難しく，どのようなアクションを取ればいいか分からずに悩む人がいます。
例）「適切な解決策やアイデアを考えることが難しく，どの方向性が適しているか迷う」
　　「自分のアイデアを具体的な行動に結びつける難しさや，有効な提案を見つけるのが難しい」

【乗り越える工夫】

❶具体的な行動や試み
- 「霧吹きや煙を使うなど，実験を複数考えて，その中に課題解決につながりそうなものがあった」
- 「観光のパンフレットやHPを見て，どのようなツアーを世間の方が求めているか考えた」

❷他者の意見やフィードバックの活用
- 「友達に自分の意見を見てもらって客観性を高めた」
- 「企業の方や先生にお願いして，解決策を実行する場所の確保や費用の準備などができた」

❸自己分析や反省を通じた成長
- 「気合いと根性，経験の振り返りで困難を乗り越えた」　●「自分と議論→自分で考え抜く力」

❹積極的な取り組みや意識
- 「どんなに大変そうでも『まず挑戦してみよう』と行動に移す力が身に付いた」
- 「たくさんの人に知ってもらえるように，商品化や学校でのレシピの配付などを提案した」

❺困難や挫折の受容
- 「何種類もやったがうまくいかなかった」「できなかった」「行えなかった」
- 「実行できなかったけれど，スライドをより具体的にまとめることを意識した」

悩みごと（4）リソースの制約

実行には時間や費用，材料などのリソースが必要で，これらの制約によって実行が難しくなるケースがあります（できることには限りがある）。
例）「実行には時間や予算，材料などの制約があって，解決策を見つけるのが難しい」
　　「実現可能な範囲でアイデアを進める方法が分からない」

【乗り越える工夫】

❶情報収集・リサーチ
- 「商品を食べたことのある人の記事や口コミを見た」（ネット上で商品情報の収集）
- 「博物館の飾りを参考に，新しく作り出すことができた」（アイデアの考案）

❷協力・相談・助言
- 「サイトを使ったり，先生と相談したりした」

❸実行・試作
- 「飴やラーメンなど，児童・生徒でも食べられるようなものをピックアップした」
- 「手芸品を回り商品を集めた。シュシュのように既にできているものだけでなく，布パーツ・ヘアピン・イヤリングのチャームを組み合わせたアクセサリーなど色々と試した」（新アイデア）

❹創意・工夫
- 「Instagramは使っている高校生が多いと思い，投稿しようと考えた」（SNSの利用者の特性）
- 「写真の彩度や明るさなどを編集で変えて，元の写真より目立つように工夫した」

❺自己成長
- 「自分ならできると思い込み，自分を信じた。自己肯定感が向上した」

悩みごと（5）実行の障壁

実行する際にさまざまな障壁が立ち塞がり，乗り越える方法が分からないという困難があります。
例）「実行する過程で出てくる問題や障壁に対処する方法が分からず，途中で行き詰まる」

【乗り越える工夫】

❶情報収集・リサーチによる解決
- 「実際に販売されている商品について記事を調べた」（他者の意見や経験をヒント）

❷他者との協力・相談による解決
- 「市役所の方と話しながら解決をした」（関連機関や団体と連携し具体的な解決策の実行）
- 「この方に電話をしてみては？　など，先生から様々なアドバイスをいただいた」

❸実行・試作による検証
- 「実行をして，結果をもとに考えることで乗り越えられた」（結果を基に次の行動を決定）

❹アイデアの再考・変更
- 「実行が不可能だったので，インタビューに変えた」（アイデアやアプローチの変更）

❺未解決・再試行の必要性
- 「まだ乗り越えてない」「乗り越えられなかった」（解決できていない事実を認識）

2 「課題解決策の実行」で「教師が困ること」と「解決テクニック」

　探究プロセスにおける「課題解決策の実行」とは，考えた課題解決策を実行して，解決策の効果や妥当性を検証する段階です。この課題の設定の指導で，教師が指導に困るのは，次のような点です。

困ること1　適切な実践や検証方法が分からない
困ること2　実行に多くの時間や労力がかかる
困ること3　外部との連携が大変
困ること4　安全性の確保（危機管理）が課題
困ること5　生徒の主体性を高めるのが難しい

　以下，それぞれの困りごとと解決法について説明します。

困ること1　適切な実践や検証方法が分からない

　生徒が課題解決に向けて，どのような実践や実験，調査をすればよいか分からない場合があります。例えば，地域の公園整備のアイデア提案の場合，どのような実行をすればよいか分からないなどです。

解決テクニックA　テンプレートを提供する

　課題解決策を実行する目的や方法，必要な準備などを記入するテンプレートを提供し，生徒が計画を立てやすくし，実行を促す。

解決テクニックB　実行とはどのようなものかを紹介する

　例えば，例を示すと，取組内容を理解しやすくなる（p.27参照）。

● 「社会貢献系」では，「外部連携」を入れるなど

・公益活動（慈善団体やNPOに参加し，社会的問題の解決への取組）

・環境保護（環境問題に取り組み，自然環境の保護や持続可能な開発の推進）

・社会福祉（社会的弱者や障害者の支援，福祉施設の運営や改善）

●「学術系」では，「新規データ」や「新規の解釈」を目指すなど

・科学研究（新しい発見のための実験や観察，データの分析）

・社会学研究（社会現象を研究し，人の行動や意識の背後にある理由の探究）

解決テクニックC 先輩の事例を紹介する

過去の生徒が取り組んできた，プロジェクトの実行アイデアを一覧にして，類似テーマの生徒が参考にできるようにする（pp.108-109参照）。

解決テクニックD 社会人の課題解決事例を紹介（講演）する

「課題解決策の実行を」と言われても，ピンとこない生徒も多いはずなので，社会で実際に課題を見つけてその改善に取り組んでいる大人に講師を依頼する（勤務校では，民間の大野圭司さん（株式会社ジブンノオト社長）と保護者の中島基晴さん（p.142参照），卒業生の藤本悠太さん（中山間地域の課題解決プロジェクト）に経緯やねらいをお願いして講演を実施）。

解決テクニックE 企業や行政に課題紹介・公開の依頼をする

どの行政も「駅前問題」などの多くの課題を抱えている。それらを示してもらい（「市長さんからの依頼」などとして），良い策を募集し，事業の検討にしていただくようお願いする（企業等へのお願いは pp.138-139参照）。

困ること2 実行に多くの時間や労力がかかる

必要な機材，場所，時間などのリソース（資源）を確保するのが困難な場合，実行・検証のプロセスが進まないことがあります。時間と労力の調整に苦労しているなら，プロジェクト管理の方法を伝えサポートすることができます。

解決テクニックA 大きすぎ／抽象的な解決策は小さく・具体的にする

詳細は p.58-61を参照のこと。

解決テクニックB　プロジェクト管理ツール・期限の導入をする

　エクセルやスプレッドシートでプロジェクトを管理する。タスクの割り当てや進捗確認が一目でできる（誰が，いつまでに，何をするか）。

　例えば，1週間後には調査を終え，2週間後には報告書を書く，といった期限を設定すれば，各時の責任範囲と進捗状況が明確になる。

【管理ツール／期限のイメージ】

すべきこと	担当	6/1	6/2	6/3	6/4	6/5	6/6	6/7	6/8	6/9
先方へのアポ	A	■								
フィールドワーク	B		■							
レポート作成	C				■	■	■	■	■	■

解決テクニックC　分担を明確化する

　メンバーの役割と責任を明確にして無駄な重複や欠落を防ぐ。

例）●リーダー　●計画　●交渉　●移動（交通）　●記録　等

解決テクニックD　スピードを重視する。問題や失敗は挑戦している証

　解決策を決めたらスピード重視。動き出したらすることは多い。期限を決めて取り組む。問題や失敗は恐れず挑戦し，何度も仮説検証を繰り返す（中村，2023）。

困ること3　外部との連携が大変

　社会問題や地域課題に取り組む場合，外部の専門家や地域住民との連携（協力者探し）が必要となり，外部連携が教員に負担となることがあります。

解決テクニックA　地域連携の具体的な方法の研修会を開催する

　地域の企業や団体と連携するためのマナー講座を開催し，挨拶の仕方や名刺の渡し方など，生徒が実際にコミュニケーションをとる経験を積ませる。

解決テクニックB　連携先リストを作成する

　連携可能な地域の企業や団体，専門家のリストを教師で作成しておき，生徒から尋ねられたら紹介できる体制をとっておく。

解決テクニックC　連携先との事前ミーティングをする

連携先と事前ミーティングをして，安全面や質問内容のすり合わせを行う。

困ること4　安全性の確保（危機管理）が課題

実験やフィールド調査などを行う際の安全管理は非常に重要です。安全確保のための具体的な指導や外部での活動での保険を検討しましょう。

解決テクニックA　「校外活動に参加する際の留意点」を作成する

生徒が参照できる明確な安全指針を作成する（p.83参照）。

解決テクニックB　現地の安全確認をする

できれば事前に打ち合わせなどを兼ねて，現地での安全確認を行い（可能なら生徒と一緒に），具体的な危険箇所や注意点を生徒と共有する。

解決テクニックC　保険をかける

事前に十分な準備をしても，どのような事故が起こるかは予測できない。そのため，探究や部活動などの校外活動に適用できる保険も検討する。1人1日100円程度の保険料で可能。事前に納金等に予算計上しておくとよい。

困ること5　生徒の主体性を高めるのが難しい

生徒が主体的に課題解決策を実行・検証するプロセスを進める能力の育成は，探究学習の本質的な目標です。しかし，主体的な活動に自信がなく，教師やリーダー的な生徒に依存してしまうことがあります。生徒の自主性を尊重しつつ，必要であれば支援を検討しましょう。

解決テクニックA　小さな実行にトライする

まずは，話を聞きに行ったり，ちょっとしたボランティアへの参加を促したりする（中村，2023）。

解決テクニックB　進捗確認の定期ミーティングをする

生徒の進捗を定期的に確認し，必要に応じて適切な指導や助言を提供する。

解決テクニックC　身の回りが少しでもよくなればOK

課題の本質的な解決につながらなくても，自分の行動で身の回りが少しでもよくなったり進歩したりしたら，大いに評価して，生徒の自信につなげる。

3 課題解決策の実行をどう促すか？

指導事例①

1 生徒の活動を効果的に把握する方法

　生徒が校内外で様々なプロジェクトに取り組むことがあります。例えば，「学校内外でのアンケート調査」「学校外の専門家へのインタビュー」「地域の人と協力してまちづくりイベントの企画・運営」などです。

　こうした生徒の多様な活動を，管理職も含めて一元的に把握するためには，次のような手順が有効です（関係者内での簡易的な起案システム）。

・右頁の用紙を印刷して，全員に説明と配付を行う。

　（学校内外の活動は，すべて事前に学校の許可を得ることとしておく）

・生徒が（1）の注意事項をしっかり読み，（2）以降を記入する。

・関係者が内容を確認し，必要に応じて修正を促す。

2 何を実行すればいいのか分からない

　ただし，「課題解決策を考えて，提案するだけでなく，実際に実行しよう！」と呼びかけても，慣れていない生徒は，そもそもいったい何をしたらよいのかと，迷うことも少なくないでしょう（こうした状況は普通のことです）。

　そうした際は，先輩たちの「実行の例」（pp.110-111）を紹介することで，生徒が行動のヒントを得られやすくなります。

　また，校外活動に参加する際には，安全に活動を行うための指針やガイドラインを示すことも重要です（p.83参照）。

　このようにして，生徒が自らの手で課題解決に向けて主体的に行動できるよう，教師がサポートする形をとるとよいでしょう。

【探究・校内外活動希望用紙】

1 担当	2 担任	3 管理職	4 教研【保管】
／	／	／	／

探究・校内外活動希望用紙（インタビュー等の情報収集・解決策の実行等）

生徒番号（　　　　　　　　）氏名（　　　　　　　　　　　　　　　　　）

＊探究に関する校外活動（アンケートやインタビューなどの情報収集や，課題解決策の実行）を希望する場合，「事前に」校内での許可が必要です（内容・安全性の確認のため）。（1）を読み，（2）以降を記入して，探究の担当者に提出してください。

（1）注意事項

❶この用紙に記入し，さらに詳細が分かる別紙をつけてください（アンケート項目や起案書等）。
　＊アンケートや企画書等の書式は，各自で検索するなどして調べる。不十分の内容だと再起案となる。
　＊ICT(Google フォームなど）で実施する場合も，アンケート項目や内容が分かるよう紙で１枚つけてください。
　　（アンケート画面をスクリーンショットなどで撮影してプリントアウトする／PC で打ち直す／手書きする　など）
　＊作成者は，回覧前にアンケートの「言葉遣い」や「内容が適切か」を丁寧に確認してください（担当者も）。
❷探究関係の起案の流れは次の通り。探究の担当者➡担任➡管理職➡教育研究部➡担当者に可否を連絡
　＊用紙が提出されたらできるだけ早めに回してください。本用紙の最終保管は，該当学年の教研が行います。
❸生徒本人が主体者として責任をもって動くこと。
　例）アンケートを別のクラスで実施する場合，生徒本人が実施法などを各担任の先生に直接説明にあがること。

（2）希望するものに ☑ してください。

❶希望するもの （アンケート or 校外活動）	□①アンケート 【場所：□校内 □校外（　　　　　　　）　媒体：□ ICT □紙】 □②校外活動 【→内容：　　　　　　　　　　　　　　　　　　　　　　　】
❷（自分の）探究課題	

（3）次の「アンケートやインタビューの注意点」を読んでください。理解したら ☑ します。

❶□目的を事前に明確にする（実施には相手の時間を使う。すでに研究や調査などで明らかなものは実施しない）
❷□言葉の意味や定義を分かりやすく（そうしないと正しい情報が得られない。間違った情報の拡散になる）
❸□相手を不快にさせる表現や内容はないか（意図がなくても人を傷つける。担当の先生に確認してもらう）
❹□事前に学校に報告する（アンケートやインタビューの前に先生に連絡。先方との連携も必要になるかも）
❺□結果を公表する前に許可を得る（アンケート用紙に，調査結果の使用範囲などを記載しておく）
❻□アンケートを SNS で実施する際も，必ず学校の許可を得て行う（マイナスの影響を避けるため）
　（注意点）上記❶～❻に加えて，「（誰かが）マイナスに感じることを書かない」「個人情報（名前等）を書かない」
　「選択肢形式にする（自由記述を避ける）」などの「トラブル回避策（上手に SNS と付き合う方法）」を必ず行うこと。
❼Google フォームなどで行う場合，原案は生徒が作成。起案を経て，QR コードを載せたプリント作成などで実施する。

（4）重要確認事項を記入してください。（□は☑）

項目	内容
❶目的　＊詳しく記述 （明らかにしたいこと）	例）●●市の１０代の政治参加意識を明らかにする（投票率が低い要因と対策）
❷実行時期（いつ）	例）●年●月●日～●月●日
❸実行場所（どこで）	例）校内でアンケート用紙を配付・Google フォームで実施／（株）○○で食品内容について聞き取り調査
❹対象（誰に対して）	例）●学年の生徒約１００名／（株）○○の部長の□□様
❺実行上の注意点	□（1）と（3）の注意事項をすべて読んで理解したか
❻アンケート・インタビューの項目	□形式を調べて参考にしたか？『課題研究メソッド』等が参考になる） □相手を不快にさせる内容や失礼な内容が含まれていないか？
❼先方との連絡・調整	学校からの連絡は　□必要　□不要　□相談したい（　　　　　　　　　　）

7
章

【SDGs別の探究課題と課題解決策の実行の例】

SDGs別　探究課題と実行内容の例

＊以下は，高校生が取り組んだSDGs別の「探究課題」と「（解決策の）実行内容」の例です。
　皆さんが，取組や実行案を考える際のヒントになるかと思います。
＊<u>ヒント右欄の「（解決策の）考えた実行内容」</u>は，自分が考えた課題解決策を実行するという意味ですが，
　コロナ禍での探究活動だったため，情報収集としてのアンケートなどもこの欄に含めて記入してあります。自分が実行する際は，「<u>アンケート調査</u>」で
　終わらないように。

SDGs	関連ターゲット	探究課題（疑問文で）	（解決策の）実行内容
1	1.1	貧困をなくすために学生の私達に何ができるのか	国連ユニタール協会主催のグローバルプログラムに参加し，他校の学生と貧困問題の解決策を考案した。
1	1.3	子どもの貧困を止めるには　〜子どもの家庭と教育の現状〜	貧困問題の本を読み，日本の貧困問題の現状を大学で取材した。貧困問題を抱えた人への金銭的な援助や，勉強ができない貧困家庭の子どもに学生や社会人が勉強を教える機会を多く持てることを提案。
2	2.1	どうしたら可食部廃棄率が減らせるか	特に馴染みのある食材を何種類か取り上げ，調理法をオリジナルレシピ化して発信する。
2	2.1	何が世界の食糧危機問題を解決するのか	イメージ調査に向けてアンケートの作成をした。アンケートを通して，昆虫食の利点について提案したい。
2	2.2	若者の痩せ問題を解決するために何ができるか	私たちの健康問題に，痩せ問題があることを知ったので，低体重の人と普通体重の人の食生活を比べて原因を見つけ，提案する。
3	3.2	どのように改善すれば子どもの薬嫌いが治るのか	新しい薬の飲み方の提案。
3	3.6	どうしたら交通事故による死傷者を減少させられるか	トリックアートを書き，夏休みを使って学校に設置し，このトリックアートが役立つかどうかのアンケートをとった。
3	3.8	日本に来た外国人が病院に行きやすくするためには医療サービスをどう改善していくべきか	その病院ごとに英語のパンフレット（館内図，保険サービスなどが書いてある）を作り，受付に来られた外国人に渡す。治療の方針などは図で描いたりして医者と患者で捉え方が異ならないようにする。
4	4.5	発達障がいを持つ人たちへの差別や偏見をなくすためにできることは何か	高校の養護の先生にインタビューして，『光とともに…』という本からも調べるとよいということを教えてもらい，その本と養護の先生の意見から調査した。提案したいことは，発達障害は誰のせいでなったわけではなく，その人の個性だからそれを多くの人に理解してほしいということ。
4	4.7	記憶の風化を防ぐために今ある戦争・平和に関する教育状況をどうしていくべきか。	本校の高1・2に平和活動への参加状況，戦争に関する知識がどれだけあるかを調べ数字で明確に示した。『平和学習』を重点に，小学校で平和学習会を開催。アンケートをもとに今自分達はどういう状況にいるのか，小学校で行った平和学習を通して今後それたちに何が必要なのか，などを提案していく。
4	4.7	「持続可能でグローバルな人材を育てる」学校の教育内容とは	率先して取組が進められている学校について調査をした。ディベート活動などを生徒会の取組の中に積極的に盛り込むことを提案したい。
4	4.a	私服登校は可能か	私服登校についてのアンケートをとり，賛成が多ければ生徒会等と話し合い，私服登校期間を設けてみる。
5	5.2	妊婦が暮らしやすい環境を作るためには	妊婦経験がある方や妊婦さんにアンケートを取り，要望に沿った場所や物などを提案する。自分たちが妊婦になったときの不安を考えてどんなものがあれば便利か考える。保護者の方にとったアンケートと生徒のアンケートを比較して違いをみんなに知らせる。
5	5.4	母親の負担を減らすためには	地域の新しい児童館を設立するために学生ボランティアとして参加。子どもの安心，安全が確保されないと親として預けられないと感じる。子どもが安全に，かつ楽しく過ごせる（行きたいと思う）場所にする為に案を出す。完成後はオープニングセレモニーに参加して，実際に遊んでいる子ども達を観察する。来場者の年齢層を観察。もう少し中高生にアプローチしていきたい。
6	6.1	発展途上国の人々の生活をよりよいものにするためにできることは何か	実行したことは，カンボジアに行き井戸を掘ったこと。提案したいことは，寄付を募ること。井戸を掘るには，一つ約5万円必要。その5万円で，その村の人々が生きていくことができる。
7	7.3	効率よくエアコンを使用するには	エアコンの効率のよい使用方法を探るため様々な方法を試す。無駄のないエネルギー消費ができる生活を送れるようにする。

108

7	7.3	電力消費量を削減するためにできることは なにか	日常生活を営むうえでのエネルギーの無駄を見つけ，それを改善するために自分たちでもできる身近な解決策を考える。古いエアコンを買い替えることで，エネルギー効率がかなり上がり消費電力量を減らすことができる。また，環境や経済的にも良い効果がある。
8	8.4	男性看護師が働きやすい職場にするには	SNSで男性看護師に関する意識調査。提案は検討中。
8	8.5	快適な職場環境を作るには	どのような条件下で作業をすれば一番効率が上がるのか調べる。ネットや本で調べた作業効率をあげる条件，方法，あるいはどの組み合わせのときに効率が一番あがるのかを調べたい。
8	8.9	コロナウイルスの影響のなかでも備後地域の観光事業を促進していくことに対して私たちにできることは何か	尾道，福山，三原の三つの地域で調査やインタビューを行い，地元の魅力をまとめて動画を制作する。その動画を観光甲子園という大会に提出し，専門の方々に評価していただいたり，世界中の人たちに動画をみてもらったりすることで，地元のPRを行う。世界中の人たちにコロナウイルスの影響も考慮した備後地域の観光プランを提案したい。
9	9.5	スマホを落とした際に画面が下向きにならないようにするにはどうしたらよいか	他の研究を参考にした，落ち方の式の計算及び同程度の重さの物を用いた実験。スマートフォンがどうあったらよい提案したい。
10	10.2	誹謗中傷をなくすためにできることはなにか	誹謗中傷の現状とやめてもらうための動画を作成した。
10	10.3	LGBTQを一般化するために，今悩んでいる人達のために自分達は何ができるのか	LGBTQの人の思いを聞き，他の方たちに理解を深めてもらうために，LGBTQのイベントに参加することを提案する。
11	11.2	福山駅前の道の凸凹解決から何が期待できるか	道の現状を撮影してまとめた。自転車が通る時に凸凹が原因で真っ直ぐ進まない人が多いことを見つけた。
11	11.5	人々が欲しがる防災グッズとはどういうものか	持っておいた方がいい防災グッズの特徴，避難所で不便な事を調べたり，それらを踏まえて日常でも使えていざとなったときに防災グッズとして使える商品（例：折り畳み傘の先にライトがついていて，非常時には懐中電灯として使える）を考えて新しい防災グッズとして提案したい。
11	11.5	日本で災害が起こった時に，自治体や施設は在日外国人にどのような対応をすればよいか	1 外国人専門学生50人に災害の備えについて意識調査を実施 2 クラスの34人に外国人の支援に関する意識調査を実施 3 外国人定住者の支援者から話を聞いた 4 多言語支援センターのあり方や，外国人向け非常食を提案する
11	11.7	子どもたちの交流の場，遊び場を作るためにはどうするべきか	夏休みに，A小学校の体育館を借り，レクリエーションを行った。子どもたちは，自分が話したことのない友達でもレクを通じて交流を深めていた。子どもが訪れやすい遊び場を定期的に設ける。
12	12.4	人間のゴミはどのように野生動物に影響するか	地域に設置されているゴミ箱の数や，その周りの環境を調査した。野生動物に影響が出ないゴミ箱の設置と，利用方法を提案したい。
12	12.5	どうすれば環境を破壊することなくファッションを楽しめるか	アンケートでサステナブルファッションについて知らない人が多いことがわかった。その言葉を説明して伝え，広める。アンケートで答えてもらったリメイク方法を紹介したり，服の着回し方法，サステナブルに取り組んでいるお店などを紹介したりする。
12	12.8	どんな方法で運動・食事制限をしたら健康的・効果的に痩せられるのか	ダイエット法の利点・欠点・正しい方法を詳しく分析して，学年のみんなに提案する。SDGsにもつながる資料も作りたい。
13	13.3	換気と空調の効果的で省エネな両立をするにはどうすればよいのか	実際に室内で換気による気温の変化や風通しなどを調べて，まとめる。
14	14.1	私たちの身の回りの川の水質はどうなっているのか	水質調査をして，その川はそこまで汚くないという結果が出たからもっとその川を綺麗にすることを提案したい。
15	15.7	動物の殺処分を減らすために何ができるか	保護動物の現状の調査や愛護団体等でのボランティア（実際に行動している人の思いを知る・里親になった人に話を聞く）。⇒人々の思いや現状を伝え，何かができる考え，それを提案する。
16	16.7	日本の若年層の投票率を上げるにはどうしたらよいか	原因究明に向けたアンケートを実施した。自分の発表を聞いた多くの人が選挙へ行くことにつながることを提案したい。
16	16.7	平和学習の機会を増やすためにできることは何か	ピースラボの参加者の人数を年度別で聞き，活動内容を確認する。そこから，平和学習の大切さを知ってもらう。このような活動をしている団体もある，ということなども知ってもらう。

7章

7章 「課題解決策の実行」の指導のポイント　109

【生徒が行った課題解決策の実行（10分類）】

生徒はどのような（解決策の）実行・検証を行っているか（実際に行った活動の10分類）

●高校2～3年間が探究活動の中で、どのような（課題解決策の）「実行・検証」をしたかをアンケート調査。
●（課題解決策の）「実行・検証」の定義
　本来は、<u>自分の考えた「課題解決策の実施、検証」</u>を意味していたが、コロナ禍では、校外活動が大幅に制限されたため、途中から、<u>「行動」</u>を伴う調査（インタビューやアンケートなどの一次情報を得る調査）も対象とした。
●生徒の実行内容を分類し、多かったものから並べ替えると、次の10項目に分類できた。

（1）アンケート系　　（2）創造（ものづくり）系　　（3）解決策の提案（仮説生成）系　　（4）インタビュー系（情報収集・実効性の確認）
（5）実験・実体験系　　（6）プロジェクトを自分で企画・実行型系　　（7）現地訪問・体験・フィールドワーク系
（8）コンテストに応募　　＊（4）と重なる場合あり　　（9）プログラム参加系　　（10）情報発信系

（1）アンケート系

❶同級生に対して
●著作権の事件や仕組みに関するもの　●サステナブルファッションの認知度について学年アンケート
●福山市に若者を増やすためにどんな政策をすべきかアンケート　●今の授業をどう感じているか生徒にアンケート
●ばらグッズの認知度調査　●全国平均と比較　●空き家に関するアンケート
❷専門家に対して
●カウンセラー　●障がいをもっている人と一緒に働いている人　●病院薬剤師の方　●市教委
❸全国に対して（SNSを使って）
●全国の子ども食堂にアンケート　●SNSで2種類のアンケート　●小学生300人　●10代対象に
❹保護者・先生等身近な大人に対して
●高校の先生に子ども連れでの外出で気になる点について　●同級生と保護者に取り結果を比較
❺校内の他学年に対して
●高校1,2年生対象に平和アンケートを取り、現状分析　●高校1,2年生に給食に関するアンケート
❻外国人に対して
●外国人にアンケート

（2）創造（ものづくり）系

❶動画系
●3人グループで備後地域の「動画」を作成し、観光甲子園に応募　●観光を促進する「動画」づくり
●尾道と鞆の浦の「観光動画」作成　●町をよくしようと現地で写真を撮りYouTubeで「動画」をアップ
●福山名産の「うずみ」を使ったソフトクリームの「PR動画」
●誹謗中傷防止を呼びかける「動画」を作成し、発信（トラブルに巻き込まれた時の対処法やSNSの使い方）
❷ものづくり
●「トリックアート」で交通事故を減少させる　●「ポストカード」作成　●首里城支援の「首里城クッキー」づくり
●首里城募金のために「オリジナルタンブラー」作成　●アンケートをもとに「お散歩マップ」の作成
●紙袋で「ブックカバー」　●生活スタイルに合う「新しい防災グッズ」を作成　●商品化希望アイデアが集まるサイトに投稿
●履かなくなったデニムを使って「お買い物バッグ」を作り、備中備後デニムコンテストに応募
❸考案系
●「旅行スケジュール」の立案　●「レシピ」を考案　●ゴミ袋の代用品を試して、店員さんにも聞きに行った
●自分が提案する授業について、「ワークシート」を作成したことで、教える側の立場になって考える
❹ポスター・チラシの作成
●ワンオペ育児をしている人への施設紹介の「ポスター」作成
●カビを発生させにくくさせる方法と医療で使われるカビについての「ポスター」作成
●校内で行ったアンケート結果を元にした「チラシ作り」
❺模型
●「模型」を作り暮らしやすい家を考えた　●間取りを一から考え「模型」にして人から意見をもらった
●集めた情報を参考にエコだと思う家を考える（法律とかと建築を照らし合わせる、簡単な「模型」を作り実験）

（3）解決策の提案（仮説生成）系

●「抱っこひも」に関して探究（事件・事故が起こりやすい状況・原因を調べ、予防するための解決策を提案）
●「カラスがゴミ捨て場を荒らさない」ためにできることについて調べて提案
●「チーム医療」を円滑に行うためには何をすべきか、課題の調査から考察、解決策をいくつか提示
●解決案の実行として、失敗例から学び「学習を成功に導く10の工夫」を実験　●「うずみフェア」の提案
●可食部廃棄率を低下させるために「レシピ」や「商品開発」を提案　●「オンライン販売」の提案
●火星移住による戦争を防ぐための「立法機関の設立」を提案
●高校生の栄養不足について探究。「高校にも学校給食を取り入れる」を提案。
●「スマホの使用」について提案し、いじめを減らすためにアンケートをしてデータを出す
●JICAが行っている活動を調べて、「カンボジアに取り入れる案」を提案した
●スケートボード場の「利用手順をアプリ」でしませんかと提案
●給食に栄養満点な「モリンガ」を導入すれば、さらに栄養がとれるのではと提案（SDGs2「飢餓をゼロに」）
●3年間の放送部でのアナウンス経験に基づき、「理論的な発表」を遂行

（4）インタビュー系（情報収集・実効性の確認）

❶学校の先生に対して
●「先生」へのインタビューと体力テストの分析，アンケート

- ●「特別支援学校の先生」へのインタビュー　●「保健室の先生」にインタビュー
- ●文献を読み、「スクールカウンセラー」にお話を聞いていじめの解決に大切なことについてまとめた

❷公的機関（市役所・病院など）に対して
- ●「福山市役所」の方に、考えた待機児童問題の解決策が実行された場合、効果が出るのかどうか直接尋ねる
- ●「福山市役所」に相談。データを提供してもらい、それを元に学年全体がどう考えているかのアンケートを実施
- ●「福山市役所」に電話で質問　●「図書館」インタビュー　●オンラインで「精神病の看護師さん」に話を聞く

❸民間企業・NPOに対して
- ●「スーパー」へ取材　●「猫カフェ」で店員さんにインタビュー
- ●普通っていた「ロボット教室の先生」と、より深い探究ができるように質問や討論
- ●壁紙がもたらす心理的効果について、「知り合いのクロス屋」に現状と影響を尋ねる
- ●「株式会社K」に行き、母親が抱く問題を聞いて調べて、「エ〇〇〇のリサイクルセンター」に行って話を聞いた
- ●一般家庭以外からの食品ロス減少に、「NPO法人フードバンク〇〇」を訪れて課題について尋ねる

❹その他に対して
- ●Instagramで「HSPについての活動をしている方」にインタビュー　●「家族」に話を聞いてみる
- ●「大学教員の方」に取材をして自分が設定した課題の解決のために理解を深めた

（5）実験・実体験系

- ●川の水質を調べる「実験」　●「キャッシュレス決済」を自分で使ってみる　●友人に「口腔体操」をしてもらう
- ●自分で「ドッグフードのトッピング」を考え、作って自宅の犬に与える　●「記憶について自分で「実験」
- ●調査をもとに「ノートまとめ」を作り、探究前のノートを比べてどちらが良いかを他に聞いて意見をもらった
- ●寝る前の行動を変えて朝どんな違いが出るのか調べて、高3では脳波によってどんな違いが出るかを「調べた」
- ●何が効率に関わるのかジャンルの違う2つのテストを使って発見した
- ●耐久性の実験　●エアコンの消費エネルギーをどう削減できるか有効な方法を調査し、「実践」
- ●ビニール袋を使わない生活を1週間試して「記録」をとり、お店にインタビュー
- ●実際に「1ヶ月間筋トレ」　●定番の「効果的な睡眠方法」を試した　●周りの環境の「生態調査」
- ●蛍光ペンの色による記憶力や学力の向上の違いについて単語帳と4色ペンで色別に正答率を調べる

（6）プロジェクトを自分で企画・実行型系

- ●ユ〇〇〇と共同で高校内で「古着回収」を行った　●カンボジアに井戸を掘りに行った
- ●夏休みに赤〇小学校をお借りして赤〇小の子を対象に「レクリエーション」
- ●平和に関する教育の新しい授業内容を提案し、坪〇小学校で夏休みに平和教室を開催
- ●現状分析を元に、過去だけでなく現代も視点においた平和学習を小学生対象に計画し、夏休みに実施
- ●平和活動団体であるFace To Peaceと一緒に出前講座を計画、実施に向けて準備中（8/21・22予定）
- ●中3から三〇市児童館のティーンズ検討委員会として活動。探究と関連付けて、母親の負担軽減のために児童館の利用を考える。設計段階から関わる。子どもたちの興味を引き、利用者を増やす方策を考え、解決策を提案。具体的な構造を決定し、完成後も実際に変化があったのかを確かめるためにオープンセレモニーに参加

（7）現地訪問・体験・フィールドワーク系

- ●福山市を魅力的なものにするために、観光地の改良のヒントとして笠〇に行き、改装した港を見てヒントを得た
- ●コロナ対策として「おひとりさま」を推奨したい、課題を見つけるため「一人で飲食店」に入り、入りづらさを実感
- ●「仙〇島」に行き、自分の観点から良さを伝えることで同世代の人に理解しやすいような発表原稿を作れた
- ●リ〇〇で「解体作業の手伝い」をさせていただきました
- ●エ〇〇〇の「リサイクルセンター」に行って話を聞いた　●実際に尾〇の「商店街」を訪れて情報を集めた

（8）コンテストに応募　＊（4）と重なる場合あり

- ●「ヘルプマーク」に関するアンケートの結果を用いて説明。
　ストレスケア東〇〇駅前クリニック主催の「第1回不登校・ひきこもりの方のためのデジタルイラストコンテスト」に応募。応募して、どのような心の変化があるのかを調査。応募したイラストをパワーポイントと論文に掲載
- ●3人のグループで備каз地域の動画を作成し、「観光甲子園」という大会に応募
- ●これからの生活スタイルにあう「新しい防災グッズ」を考え、「商品化希望アイデアが集まるサイト」に投稿
- ●履かなくなったデニムを使って「お買い物バッグ」を作り、「備中備後デニムコンテスト」に応募

（9）プログラム参加系

- ●「国連ユニタール」主催プログラムに参加。他校生徒とSDGs達成に向けた取り組みを考え、オンラインプレゼン
- ●「多文化共生大学」参加、日本語教室参加、ACCUの方のお話を聞き、アンケート
- ●Zoomで「ティーンズ交流会」というイベントに参加して、当事者の方と実際に話し合いをした
- ●去年の探究を少しでも活かせるようにと「ネットを通して募金活動」に参加

（10）情報発信系

- ●中・高生に「相談場施設サイト」の「情報発信」
- ●Yahoo!知恵袋で「相談する相手がいない」と書き込みをしている人に「相談場所の提案」
- ●「ブログを開設」した　●無料ブログを用いて「学校ブログ」（仮）を作成した
- ●服の詳細や魅力発信のために、「ファッションブログ」を立ち上げ、月一回に投稿し閲覧履歴で閲覧数を見る

8章 「まとめ・表現」の指導のポイント

1 「まとめ・表現」のポイント
—まとめ・表現を行う際に気をつけること

1 「まとめ・表現」とは？

　探究プロセス（p.32参照）の５つ目は，「まとめ・表現」です。これは，課題解決策の実行を含めた取組をまとめ，他者に伝える段階です。

　実験や調査を行って，データを分析したら，その結果をまとめます。それにより自分の仮説が正しかったか，問題が解決されたかどうかを明確にできます。その結果を報告書やプレゼンにまとめて他の人に伝えます。

2 「まとめ・表現」のポイントとは？

　「まとめ・表現」におけるポイントは，次の通りです（文科省，2023）。

①相手意識や目的意識を明確にして，まとめ方や発表の仕方を工夫する。
　誰に伝え（相手），何のために（目的）まとめるかで手法等は変わる。
　（論文やレポート，活動報告書，プレゼンテーション，ポスター，新聞等）
②情報を再構成し，自身の考えや新たな課題を自覚できるようにする。
③伝えるための具体的な手順や作法を身に付け，選択して使えるようにする。
　（論文やレポート……「研究テーマ」「目的」「方法」「実験や調査の結果」「考察」「参考文献」などの項目で論理的にまとめる）
　＊研究活動の不正行為につながらないように注意する（引用のルール，参考文献等の示し方，注のつけ方，他者のアイデアの盗用，改ざん，ねつ造等）
④他者（学級の友達，異年齢，保護者，地域の方，専門家等）に伝える。
　（他者から多様な評価を得られるようにする）

3 「まとめ・表現」を支援する活動例は？ ＊文科省（2023）参考

例①　「レポートや論文」でまとめ・表現する

・レポートは，課題に基づいて調査・体験したことなどを文章や図表等を使ってまとめる。論文では，自ら提起した問題に対して，独自の仮説を立て，それを論証していく（先行研究等も踏まえ，独自性のある主張をする）。

例②　「プレゼンテーション」「ポスターセッション」としてまとめ・表現する

・プレゼンテーションでは，探究活動の内容や成果を多くの聴衆に一斉に伝えられる。ポスターセッションでは，1枚のポスターに探究活動の成果をまとめ，聴衆に内容を伝える（質疑応答や意見交換がしやすい）。

例③　「新聞・パンフレット」でまとめ・表現する

・情報を再構成して，新聞やパンフレットにまとめる（見出しの工夫，リード文，説得力のある順番，トップ記事，写真や資料の効果的な活用）。

例④　「制作，ものづくり」としてまとめ・表現する

・具体的なものづくりを行う。
　　例）地域や学校の魅力紹介ウェブサイト，避難経路マップ，地域の観光ガイド，アプリ，特産弁当，伝統工芸品等

例⑤　「イベントを企画・運営」してまとめ・表現する

・問題の解決のために地域や行政，関係団体などと連携して商店街の再生イベントなどを企画・運営し，社会に働きかけ，貢献する。

例⑥　「総合表現」としてまとめ・表現する

・探究活動の成果を演劇や音楽表現，造形表現等で行う。
　　例）地域の伝統を受け継ぐ映像制作，演劇，ミュージカル，移住促進PRムービー

　次の頁で，「まとめ・表現」での「生徒の悩み」とその「乗り越え方」を紹介します（3年間の生徒アンケートのまとめから得られた知見）。

【探究の「まとめ・表現」プロセスでの「（生徒の）悩みごと」と「乗り越え方」】

探究の「まとめ・表現」プロセスでの「悩みごと」と「乗り越え方」は？（生徒アンケートより）

1 「まとめ・表現」における「生徒の悩みごと」5選は？

悩みごと（1）スライドの作成とデザイン（スライド作成（情報量，デザインや順序等）に悩む）
悩みごと（2）情報の整理と統一（情報の整理やまとめに悩む）
悩みごと（3）伝えたいことの明確化（伝えたいことをどう分かりやすく表現すればよいかに悩む）
悩みごと（4）発表や対人スキル（発表の緊張や人前での話し方の難しさ，グループワークに悩む）
悩みごと（5）最終的な方向性（最終的にどうなればいいのか，現実的な方向性に悩む）

2 「まとめ・表現」で生徒は何に悩み，どう乗り越えるか？（ヒントの発見）

悩みごと（1）スライドの作成とデザイン

スライドの作成に問題を感じる生徒がいます。具体的には，スライドの情報量，文字と写真のバランス，伝えたい情報の統一感やデザイン，スライドの順序などです。
例）「伝えたい情報がまとまってなく，長々としたスライドに」（文字や写真の統一感なし）

【乗り越える工夫】

❶参照・模倣を通じた改善
- ●「素晴らしいレポートを作っている人や，学校で配付されたプリントなどを参考にして仕上げた」
- ●「他のグループのスライドを参考にしたり意見をもらったりした」

❷情報の絞り込み・選択
- ●「必要最低限の情報を記載することで，本当に伝えたい内容を伝えるように工夫した」（厳選）
- ●「一度調べたことをすべてまとめ，その後にいらないものを消去していった」（情報の再構築）
- ●「自分の考えを箇条書きにして言うべきことを選別した」（精選）

❸視覚的要素の活用
- ●「絵やグラフを多用して，見る人の目を惹きつけられるようにした」（視覚要素の強調）
- ●「写真や表・グラフを使うことで，聞き手に一瞬で伝わるようにした」（写真・グラフ）

❹デザイン・レイアウトの工夫
- ●「スライドが見やすいように色使いやレイアウトを工夫した」
- ●「色や枠，キャッチコピーによる見映えの工夫，ナンバリングや箇条書きでわかりやすさを意識」

❺他者とのコミュニケーション・フィードバック
- ●「グループで作成したスライドを確認しあって不備がないかを確認し，よりよくしようと努めた」
- ●「リハーサルをして課題を見つけ，先生や企業の方からいただいた助言を基に修正した」

悩みごと（2）情報の整理と統一

情報の整理や統一が難しい，情報量が多い，同じ内容のスライドを複数回作成するなど，情報の整理やまとめに関する困難があります。
例）「意見をまとめるのが困難」「情報量が多かった」
　　「グループ別でスライドを作ったら，スライドが重複したり，つながりが変だったりした」

【乗り越える工夫】

❶視覚的工夫とデザイン改善
- ●「スライドに文字を見やすくしたり書く内容を絞ったりした」　●「写真や図を取り入れた」
- ●「文字は最低限にして所在地も地図で示した」　●「配色やレイアウト，文字の大きさを変えた」

❷協力とフィードバック
- ●「友達に相談しながら考えた」　●「同じグループの人に見栄えを聞いた」

❸情報の選別と絞り込み
- ●「発表する問題を一つに絞った」　●「何が重要か，伝えることを取捨選択して発表した」

❹他者の資料や意見を参考にする
- ●「他のグループの資料を参考にした」
- ●「企業の人に言われたスライド作成のコツなどを思い出して自分なりのスライドを作った」

❺リハーサルを通じた改善
- ●「発表会前のリハーサルで，発表順の調整や，スライドの全体の構成の補正などをした」

悩みごと（3）伝えたいことの明確化

伝えたいことをどう分かりやすく伝えるかという問題に直面する生徒もいます。
例）「どうしたら伝えたいことをより強調して，聞いている人を引き込むことができるのか」
　　「動画作成では分かりやすく，短時間で楽しんでもらいながら情報を伝えられる方法を考えた」
　　「最初は文字ばかりで情報量が多く分かりづらいスライドだったので伝わるスライドにした」

【乗り越える工夫】

❶ビジュアル表現の工夫
- ●「他の動画を参考にしながら自分の動画を見直した」　●「写真や表・グラフを使った」
- ●「データは大きく表示し、矢印などの目立たせる素材を使った」

❷他者の意見・フィードバックを活用
- ●「グループの人や友達、先生にアドバイスをもらって改良した」
- ●「同じ課題に取り組んでいる人にスライドの巧みな操り方を見せてもらった」

❸具体的な表現・アイデア
- ●「クイズを作り、問いかけることによって興味を持ってもらえるようにした」
- ●「作ったものを実際に見せながら、セリフをメンバーと分割して発表することができた」

❹内容・情報の整理
- ●「ターゲットを設定したことで解決策の案がまとめやすくなった」
- ●「とにかく添削。短くまとめ、重要なことに時間を使えるよう時間配分に気をつけた」

❺プレゼンテーションの準備・実践
- ●「スライドを実際に投影して見え方を確認した」　●「見るのをやめてアドリブで話した」
- ●「あらかじめ原稿を書いて、自分だったらプレゼンの中で何が聞きたいかをピックアップした」

悩みごと（4）発表や対人スキル

発表の緊張や人前での話し方の難しさ、グループワークでの調整やコミュニケーションなど、対人スキルや発表スキルに関して困難を感じる人がいます。
例）「人前で話すのがすごく苦手。他のグループより人数が少なくプレッシャーと緊張があった」「校内発表会のリハの制限時間、企業発表会での最終調整、先方の前での発表による緊張」

【乗り越える工夫】

❶スライドのデザインとビジュアル表現
- ●「スライドを見た人たちの意見を取り入れる上で、できる改善を取り入れ、良いものにした」
- ●「実際の活動の写真などを使って、聞き手がイメージしやすいようにした」
- ●「違うグループスライドを参考にする、大事なことはスライドで、細かいことは口で説明した」

❷発表の緊張と対処方法
- ●「呼吸をしっかり整えて緊張を和らげた」
- ●「やるしかないと思ってやってみると、意外とできているように見えたんじゃないかと思う。発表を聞いている人の顔を見ないようにすることがすごく役に立ち、緊張をほぐしてくれた」

❸グループワークと協力
- ●「仲間と協力して一つのものを生み出す共生の力が身に付いた」
- ●「人数が足りないのを補うために休んでいる人のカバーをみんなで協力して発表を行った」

❹内容の工夫と深掘り
- ●「企業発表会では、クイズ、体験物を実際に作って、分かりやすく説明することを心掛けた」
- ●「実際に行った実験について、結果だけでなく、反省点や次すべきことなどを深く考えた」

❺自分自身の工夫
- ●「発表は時間が少なくて早口になったけど、その分、分かりやすくハキハキと話すようにした」
- ●「いつ日程が決まってもいいように丁寧かつ分かりやすくまとめて準備することができた」

悩みごと（5）最終的な方向性

最終的にどうしたらいいのか、現実的にできることを考えるのに困難を感じる人もいるようです。
例）「どうすればお客さんが来てくれるか」（関心を引く方法）
　　「最終的にどうしたらいいのか、現実的にできることや実現性を考えることが難しかった」
　　「課題を提示し、課題をスライドで見えやすくなるよう表示した」（映画館の来館者数のグラフ）

【乗り越える工夫】

❶フィードバックと参照
- ●「担当の先生や他の先生から助言をもらって自分たちで考えた。全員で何回も練習を重ねた」
- ●「グループ同士で話し合ったりして意思疎通をとれるようにした」

❷ビジュアルデザインの工夫
- ●「魅力を伝えるためにアピールしたいことを沢山スライドに入れた」
- ●「色を使うときは2色、多くて4色までと自分の中で決まりを作った（分かりやすさ）」

❸内容の組み立てと方向性
- ●「簡潔にまとめてスライドを作った」

❹具体的な資料や例の利用
- ●「文字の大小で見てくれる人の興味を集めるようにした。また、内容の詳細は口頭で話すことによって言葉にも意識してもらえるようにした」

❺チームワークと協力
- ●「全員がお互いのことを思って行動して他の人のアドバイスをもとに考え制作した」

2 「まとめ・表現」で「教師が困ること」と「解決テクニック」

　探究プロセスにおける「まとめ・表現」とは，これまでのプロセスから得られたデータや考察を整理し，課題解決の結果を明確にして他者に伝えることです。「まとめ・表現」の指導で教師が直面する課題は，以下の通りです。

困ること1	論理的にまとめるのが難しい
困ること2	引用や出典の記載に不備がある
困ること3	プレゼンテーションスキルが不足している
困ること4	チーム内での連携や共同作業に課題がある
困ること5	多様な評価方法を策定するのが難しい

　以下，それぞれの困りごとと解決法について説明します。

困ること1　論理的にまとめるのが難しい

　生徒が自分の考えを論理的に整理し，一貫した構造で表現するのが難しい場合がよくあります。

解決テクニックA　モデル・サンプルを提示する

　よい論理構造を持つスライドやレポートのサンプルを事前に示すことで，生徒は何を目指すべきかが明確になり，考えを整理しやすくなる（p.125，pp.148-149参照）。①序論（探究の目的や問い），②本論（調査結果や分析，根拠），③結論（全体のまとめ）など，各部分で何を記述するかを示しておく。

●構成例　　　　　　　　　　　　　　　　　　＊文科省（2023）参考

①序論

・問い（課題）は具体的に

・テーマについて自ら設定した問い（課題）を書く

②本論

・問い（課題）の答えに関する客観的な根拠を具体的に述べる

・図表を効果的に使い説得力を増す

③結論

・分かったことや考えたことを簡潔に書く

・必要に応じて今後の課題などを書く

解決テクニックB　全体構成を箇条書きにする

いきなりスライドづくりをせず，まず箇条書きで全体構成を考えて，伝えたいことを論理的に整理する。

解決テクニックC　ペアで相互評価（中間指導）をする

発表会よりも前の段階で，生徒同士でペアを組み，お互いの作品を相互評価（助言のし合い）する活動を行う。このプロセスで，生徒は他者の論理構造を評価し，自分の作品にも反映させることができる。

困ること2　引用や出典の記載に不備がある

引用や出典が不明確，あるいは不正確なケースがあります。また，複数の資料を使っていない場合などは，内容や主張・根拠などの信頼性が低くなることがあります。

解決テクニックA　引用ガイドを配付する

出典の書き方は，分野で異なり決定版はないが，引用と出典の方法を示した基本的なガイドを生徒と共有する。次のような引用・出典のチェックリストで確認してもらう。以下はその一例。

・引用の形式は正しいか（加工せず抜き出す。引用だと明確にする）

・出典は完全に記述されているか（例：著者名，文献名，出版年，出版社など）

・使用した情報源は信頼性があるか

困ること3 プレゼンテーションスキルが不足している

　準備した原稿を読んでしまうなど，分かりやすい，伝わりやすいプレゼンテーションが十分できない生徒がいます。

解決テクニックA 優れたプレゼンテーションを視聴する

　TEDトークなどのプロのプレゼンテーションを視聴し，その技術を学ぶ。

解決テクニックB 基本技術のコツシートを配付する

　プレゼンテーションの基本技術（目線の位置，声のトーンなど）をまとめたコツシートを提供する（p.125参照）。

解決テクニックC リハーサルとフィードバックをする

　プレゼンリハーサルを行い，クラスメートや教師から助言をもらう。

解決テクニックD 各教科等で獲得した表現方法を活用する

　以下のような，「まとめ・表現」に向けて各教科での学びを活用する。

文章表現（国語）	・論理的なエッセイや心に響く詩などの創作表現
データの視覚化 （数学・情報）	・グラフやチャートを用いたデータの視覚化 ・統計的な分析に基づく解釈
プレゼン（英・国）	・視覚的なプレゼンテーション（英語プレゼンを含む）
実験・実証（理科）	・実験結果の解釈と表現　　・科学的な方法での仮説検証
感情表現（美・音）	・絵画や彫刻などの視覚芸術での表現 ・音楽や舞台演技での感情の表現
地歴分析（社会）	・地理的な分析　　・歴史的背景の解釈と表現
技術的表現（技・家）	・工作や図面，料理などの実技での表現
体育的表現（体育）	・ダンス等での表現・チームワークとリーダーシップの発揮

困ること4 チーム内での連携や共同作業に課題がある

　成果を一つにまとめる過程で得意な生徒に頼ってしまうなどして，協働がうまくいかないことがあります。また，チーム全員で練習をしようにも，放課後の部活動等でメンバーがそろわないこともあります。

解決テクニックA グループ内での役割分担をする

グループ内での役割分担を明確にし，生徒に具体的な責任を持たせる。例えば，リーダー，ライター，リサーチャーなどの役割分担をする。

解決テクニックB オンライン協働ツールを導入する

Googleドキュメントなどのオンライン共同編集ツールを使用することで，対面で集まれなくても生徒がリアルタイムで共同作業が可能となる。

解決テクニックC 定期的な進捗確認をする

週に一度のミーティングで進捗を確認し，方向性を整える。

困ること5 多様な評価方法を策定するのが難しい

「まとめ・表現」の段階では，多岐にわたるスキルの評価が可能で，評価が難しいことがあります。

解決テクニックA ルーブリックを活用する

オンラインで見つけたテンプレートをカスタマイズして評価を効率化する。

【まとめ・表現のルーブリック例】

まとめ・表現のルーブリック例

評価項目	S（4点）	A（3点）	B（2点）	C（1点）
論理的な構造	考えを明確に整理し，一貫した構造で表現している。	考えをある程度整理し，概ね一貫した構造で表現している。	考えの整理が不足し，部分的に一貫性が欠けている。	考えが整理されず，一貫性が見られない。
引用・出典の記述	すべての情報源を正確に引用し，学術的な慣習を完璧に守っている。	ほとんどの情報源を正確に引用し，学術的な慣習を守っている。	情報源の引用が不完全で，学術的な慣習が部分的に欠けている。	情報源の引用が正しくなく，学術的な慣習を守っていない。
プレゼンテーション技術	聴衆に対して鮮明に，相手を引きつけながらプレゼンテーションしている。	聴衆に対して概ね分かりやすくプレゼンテーションしている。	プレゼンテーションが部分的に不明確で，自信に欠ける場面が見られる。	プレゼンテーションが不明確で，自信が全く見られない。
チームでの協働	チーム全員が協力して成果を一つにまとめ，効果的に協働している。	チームのほとんどのメンバーが協力して成果をまとめている。	チームの協働が部分的に欠け，一部のメンバーに依存している。	チームの協働が全くなく，一部のメンバーだけで成果をまとめている。

解決テクニックB 多様な評価を受ける

クラスメート，保護者，地域の人々からも評価を受けて，よりバランスの

とれた視点を持つ。

解決テクニックC 他者に伝える活動の方法を検討する

多様な聴衆に対して，目的に合う伝える活動を取り入れる。

プレゼンテーション	同級生や他学年，教師，保護者など校内でプレゼンテーションを行い，質問や意見・助言を得る。
展示やポスター発表	学校や地域のイベントでの展示やポスター発表を通じて，近い距離で多様な人々からの意見を集める。
学校外との協働	学校外の人（例：地域の方々）と直接協働し，彼らの意見やニーズを理解し，発表に反映させる。
専門家との対話	まちづくりの専門家などと対話し，専門的な視点からの評価や助言を得る。
社会への実際のサービス	自分たちが考えた課題解決策を企業等と協働して，実際の商品として販売する。

＊藤原（2020）を参考に作成

解決テクニックD 発表会をゴールとしない

発表会で生徒の探究が終わるのではなく，発表会を次のステップに進むきっかけを与える場とする。ルーブリックに評価して終わりではなく，できるだけ発表後には具体的な意見・助言を生徒がもらえるようにする。

【生徒の活動事例の共有】

【まとめ・表現スライドの例（8枚で冊子掲載用）】

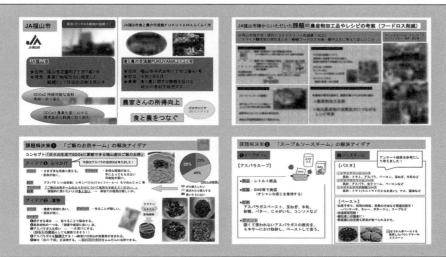

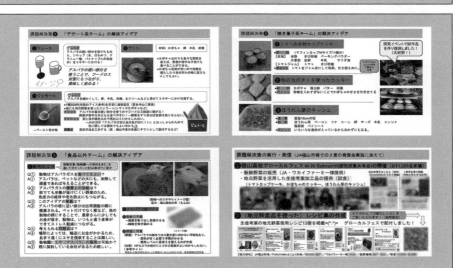

3 本番発表前に全体の底上げをするには？
（スライド内容）

1 ギャラリーウォークとは？

　発表会などの本番前に，さらに質を高める取組の一つが「中間発表」の位置づけです。他者の取組から刺激をもらい，質を高めるのです。

　具体的には，発表の「リハーサル」や，「ギャラリーウォーク」（スライド観覧）などです。ギャラリーウォークとは，美術館の作品めぐりのように，掲示された他者のスライドを観察して新たな気づきを得る活動です。

2 ギャラリーウォークのやり方は？

　次のように生徒に事前に伝え，準備を促しておきます。

①ギャラリーウォークの日時と目的（自己・他者の作品改善）を伝える。
②スライドをＡ３用紙に拡大印刷し，教室や体育館に展示する。
③生徒は，各チームのスライドを観察する。
④各生徒は５枚の付箋に改善点や不足点をメモし，スライドに貼る。
⑤付箋のコメントは後でリフレクションで活用するためメモしておく。
⑥貼られた付箋や自らの観察による気づきから，スライドを改善する。

3 コメントから学ぶポイント

　例えば，他の生徒からのコメントに，「スライドの文字が多い」や「解決策が効果的ではない」「写真を増やした方が分かりやすい」といった意見があった場合，これらを改善することでスライドの質が高まります。

【各教室に掲示している様子】

【体育館など大会場で実施する場合】

4 本番発表前に全体の底上げをするには？
（発表方法）

1　2つの本番リハーサル

　本番発表の質をさらに高めるためには，2種類のリハーサルが有効です。1つ目は，「出入りのリハーサル」，2つ目は「プレゼンのリハーサル」です。「出入り」のリハーサルで確認するポイントは，次のようなことです。

□前に出たら自分が話さないときでも，堂々とした姿勢を保つ
□最初と終わりの挨拶を皆でそろえる（「ありがとうございました」など）
□挨拶の後に顔を上げるタイミングを皆でそろえる（3秒後など）

「プレゼン」のリハーサルでは，次のような確認をします。

□本番同様，全力でプレゼンを行う（そして改善点を本番までに修正する）
□文字よりも画像やイラストを多用する
□箇条書きやキーワードを用いてスライドを作る（文章記述は避ける）
□口頭説明とスライド内容のタイミングを一致させる
□グループの最初の発言者の声は特に大切（そのグループの第一印象となる）

　プレゼンでのスライド作成やプレゼン（発表）のコツをまとめた資料（次頁参照）を共有して，各グループでチェックしながら準備をするのも有効です。

【スライド作りとプレゼンのコツ】

よりよいプレゼンを目指して ～「スライド作り」と「プレゼン（発表）」のコツ～

よりよいプレゼンを行うために，「スライド作成」と「プレゼンテーション（発表）」の方法を理解しよう。
多くのコツの中から，特に重要なものを紹介する。（他にもたくさんあるので，自分で検索して試してみよう）

（1）プレゼン「スライド作成」のコツ

❶論理展開を明確にしよう
（スライド作成前にトピックセンテンスを並べ，スライドごとのつながりを意識しよう）
❷1スライド・1メッセージにしよう
（1枚のスライドでは，伝えたいことは1つに絞ろう）
❸全体像を示してから細部を説明しよう
（タイトルや見出しでまず全体像（概要）を示し，その後に細部（詳細）を説明しよう。分かりやすくなる）
❹情報を読み取りやすくしよう
（長い文章は読まれにくいので，余計な情報は削り，役割ごとに分けて，箇条書きにしよう）
（重要事項は色や枠で強調する。ただし，使いすぎは見にくい。色ごとに目的を持たせて配色を考えよう）
❺目次は各パートの始まりごとに見せよう
（現在位置が分かりやすいよう，「今，どの部分の話をしているのか」を聴衆に示しながら話をしよう）
❻説明なしでも理解できるスライド作りを心がけよう
（聴衆は自分のペースで理解を進める。見ただけで内容が分かるようにし，重要情報は全て書き記そう）
❼直感的な説明を心がけよう
（難しい話をする際は，「要はどういうこと（何を意味しているのか）」を説明しよう）
❽スライドを見やすくしよう
（会場後方からも見える大きな文字（20pt以下は見えにくい）で，文字は減らして図・表で表そう）
❾スライドの基本構造を理解しよう（基本構造なので取捨選択してもよい）
1 表紙（タイトル・名前・所属先） 2 目次（アウトライン） 3 研究背景（背景となる現状を示すデータや先行研究・事例紹介） 4 研究の目的（リサーチクエスチョン，何を明らかにするのか？） 5 研究の意義（この研究を行うと，社会や学術にどのような貢献があるのか？） 6 研究方法（調査・実験方法／具体的で端的に） 7 結果・考察（図表を用いて視覚的に分かりやすく） 8 結論・展望（研究の結論と答えの出なかった問いが，今後どう発展していくかの展望） 9 謝辞（協力者への感謝） 10 引用文献・参考文献（該当スライドの下にも示しておく）

（2）プレゼン（発表）のコツ

❶発表の練習をしよう
（同級生や先生に聞き手になってもらおう。そうすると改善点が見つかるはずだ）
❷発表の時間を厳守しよう
（時間がずれると，後の発表者や進行に迷惑をかけてしまう）
❸聴衆を見ながら話そう
（スライドばかりを見ずに，全体を見渡しながら話そう）
❹原稿はただ読み上げるのではなく，聴衆に語りかけるようにしよう
（発表内容の原稿を用意してもよいが，発表ではスライドを記憶の手掛かりに，相手を見て語りかけよう）
❺会場の一番後ろまで届くような声で話そう
（地声でもマイクを使ってもよい。全員に聞こえるように話そう）
❻適度に間を取りながら話そう
（早口だと相手が理解する時間がない。聴衆が理解する間を設けよう）
❼抑揚を意識しよう
（重要なところや注意を引きたいところは，声を大きくしたり間を取るなど抑揚を意識しよう）
❽大切なことはスライドに書き込んでおこう
（スライドに掲載していない重要な情報は話さないようにしよう）
❾プレゼンを楽しもう
（「これを伝えたい」という気持ちを持ってプレゼンを楽しもう。苦手な人は「演じる」気持ちで話をしよう）
❿（あれば）質疑応答の準備をしておこう
（事前に想定質問への回答やスライドを準備する。質問を正しく理解し，他の人にも聞こえるように話そう）

（参考）酒井聡樹著『これから研究を始める高校生と指導教員のために』（共立出版，2013）と岡本尚也編著『課題研究メソッド 2nd Edition』（啓林館）を参考に作成

5 校内発表後，次のステップは？
指導事例③
（企業発表＋全校発表まで）

1 校内発表会

　探究の成果は，「校内発表会」で他者と共有しましょう。学びを集約し，プレゼン能力もアップします。また，評価シートを参考に具体的なフィードバック（意見・助言）を得ることで，さらなる成長も期待できます。

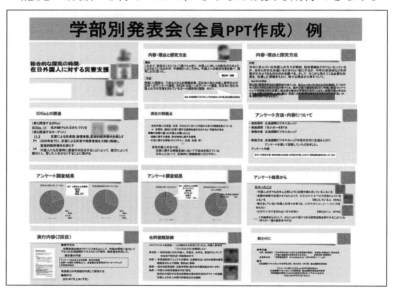

2 企業発表＋全校発表：成長の新たな舞台

　校内発表会は「最終ゴール」ではありません。これを「中間チェックポイント」と位置づけ，次なる企業や全校発表の計画が大切です。下級生向けの発表や中学生対象のオープンスクール発表での経験は，他の生徒のモデルと

なり，新しい入学希望者を引きつける可能性もあります。外部での発表は，社会の厳しさを体感する機会です。「よかった」だけで終わらず，事前に厳しいコメントを先方にお願いしておき，「そのアイデアでどうやって儲けますか？　お金が稼げないと持続可能なアイデアにはなりませんよ」と，社会の厳しさや本気度を学べる機会にできます（p.142参照）。

【発表会の評価シート】

●年探究　「課題研究」学部系統別成果発表会　評価シート【重要】 ●年生の探究で最も大切な1時間です。1年間分の評価が今回の「発表」と「評価シート」でなされる重要なものです。

■年（　　）組（　　）番・名前（　　　　　）　　　　　　■担当の先生（　　　　　　　）先生
■学部系統（　）番（　　　　例）教育　）■関連 SDGs 目標番号（　　　）：　　　例）教育

1　課題研究の概要

【課題研究】とは？
自己の希望進路において解決したい課題を設定し，調査・研究（実践）・発表することで他者の課題解決に貢献する（夢プロの発展）

【課題研究の目標】

①情報整理力	必要なデータや情報を収集・分析・整理・研究手法を身に付ける。
②表現力	まとめた内容を「分かりやすく」「役立つように」まとめて発表する。
③課題解決力	課題を発見して，最適解により近い解決策を提案する。
④チャレンジ精神	高い志を持ち，課題解決のために新しいことや困難なことに自ら挑戦する。
⑤★キャリア能力★	自分の進路や進路で課題になっていること，それについての考えを自分で語れるようになる（「なぜこの進路を希望するのか」「自分は何に興味を持って探究したのか」について）他者に）自分の言葉で表現する必要性が増している（面接，自己表現作文等）。今回の課題研究の取り組みをその大きな一助とする。

2　夢プロ「発表用評価シート」

【評価例】　③（すごい！とても良い！目から鱗！）－②（なるほど！勉強になる）－①（OK！努力は伝わる。少し惜しい。伸びしろも大きそう！）

生徒名	発表テーマ（要約）	探究課題	発表資料の見た目	実行力	発表方法の工夫	良かった点・見習いたい点（メモ）
1		3 2 1	3 2 1	3 2 1	3 2 1	
2		3 2 1	3 2 1	3 2 1	3 2 1	
3		3 2 1	3 2 1	3 2 1	3 2 1	
4		3 2 1	3 2 1	3 2 1	3 2 1	
5		3 2 1	3 2 1	3 2 1	3 2 1	
6		3 2 1	3 2 1	3 2 1	3 2 1	
7		3 2 1	3 2 1	3 2 1	3 2 1	
8		3 2 1	3 2 1	3 2 1	3 2 1	
9		3 2 1	3 2 1	3 2 1	3 2 1	
10		3 2 1	3 2 1	3 2 1	3 2 1	
11		3 2 1	3 2 1	3 2 1	3 2 1	
12		3 2 1	3 2 1	3 2 1	3 2 1	
13		3 2 1	3 2 1	3 2 1	3 2 1	
14		3 2 1	3 2 1	3 2 1	3 2 1	
15		3 2 1	3 2 1	3 2 1	3 2 1	
16		3 2 1	3 2 1	3 2 1	3 2 1	
17		3 2 1	3 2 1	3 2 1	3 2 1	

3　振り返り（以下の①②について「良かったこと」「良くなかったこと（その理由）」「今後の課題」など）　＊上記の目標①～⑤にも触れること。

①自分の取組について（内容・発表方法・これまでの取組）	②他の人の発表（内容や方法）について

4　投票！　最も良かったと思う2名を書きましょう。（自分以外）

最も良かった人⇒	①（　　　　　　　　　　　　）さん	②（　　　　　　　　　　　　）さん	検印
理由（発表方法だけでなく内容や上記の目標も見て）			

＊担当者に提出すること（本日中）。⇒返却されたら「探究ノート」に貼っておく（＝ポートフォリオ化）。

9章 「振り返り」の指導のポイント

1 「振り返り」のポイント
―評価を正確に行い，改善の方向性を見出す

1 「振り返り」とは？

探究プロセス（p.32参照）の最後のステップは「振り返り」です。得られた結果を次の探究につなげる重要な活動です。

探究のプロセスで得られた知識や経験を次の探究につなげることで，より学びを促進できます。また，得られた結果を実際の問題解決に活かすことができるよう，さらなるアクションプランを考えることも重要です。

2 「振り返り」のポイントとは？

「振り返り」におけるポイントは，次の通りです（文科省，2023）。

❶「時間軸」で学習を振り返り，事象の「関係性」や「原因」を考察する。

❷意見は「音声言語」で共有し，詳細は「文字言語」で表現する。

❸ポートフォリオに「自分」と「他者・社会との関わり」の視点を両方取り入れ，自己認識を深める。

❹教師がポートフォリオから生徒の成長を読み取り，それをフィードバックとして伝えて生徒が気づかない成長の実感を促す。

3 「振り返り」を支援する活動例は？

【具体的な活動例】（「地域課題の解決策を考えるプロジェクト」を例に）
例① 「発表会での発表」を振り返る

・「Good-Bad-Reason-Next の４観点」で振り返ると次につながりやすい。

Good：できたこと，よかったこと，うまくいったこと

Bad：うまくいかなかったこと，反省点

Reason：うまくいかなかった理由

Next：今後の発表会に向けて，どのような改善点に取り組むか

例②　「探究活動全体」を振り返り，自己評価や相互評価を行うことで，自分たちの学びの成果（成長）と今後の向けての課題を把握する

・「各プロセスの取組」や「探究活動の目的の達成度」での振り返り

・３観点での振り返り（以下は例）

●知識・技能

　　探究前後で，新たに学んだり，新たにできるようになったことは？

●思考・判断・表現

　　探究前後で，新たに発見したり，深く考えたりしたことは？

●主体的に学習に取り組む態度

　　探究活動の中で，最も関心をもって取り組んだことは？

　　今回の探究をどう今後につなげたり，役立てたりしていきたい？

例③　互いのよい点を認め合い，「協働的な学び」の意義を振り返る

　互いに肯定的な意見・助言をし合うことで，チームワークや相手の意見を尊重する姿勢が育まれ，協力して学ぶ意義を理解することができます。

　次の頁で，「振り返り」での「生徒の悩み」とその「乗り越え方」を紹介します（３年間の生徒アンケートのまとめから得られた知見）。

9章

【探究の「振り返り」プロセスでの「（生徒の）悩みごと」と「乗り越え方」】

探究の「振り返り」プロセスでの「悩みごと」と「乗り越え方」は？（生徒アンケートより）

1 「振り返り」における「生徒の悩みごと」5選は？

悩みごと（1）言語化（文章化）の難しさ（プロセスや考えを分かりやすい言葉にするのに悩む）
悩みごと（2）新たな課題や問題点の浮上（一つ解決すると新たな問題が生じて終わりがなく悩む）
悩みごと（3）自分の行動や考えを客観的に見ること（ミスや不備を冷静に捉え改善するのに悩む）
悩みごと（4）全体のまとめや構造の整理の難しさ（各プロセスを整理しまとめるのに悩む）
悩みごと（5）反省や改善点の多さ，良い点の見つけにくさ（改善点に目が行き長所の発見に悩む）

2 「振り返り」で生徒は何に悩み，どう乗り越えるか？（ヒントの発見）

悩みごと（1）言語化（文章化）の難しさ

自分の経験や考えを言葉にするのが難しいと感じる人が多くいます。時間がかかる，誤解を避けて分かりやすく伝えるのに苦労している人もいるようです。
　例）「言葉だけでどのようにしたら相手に伝わるのかすごく悩みました」「言語化が一番難しい」
　　　「誰も傷つかない表現，分かりやすい説明を考えること。誤解を生まないような書き方をしたり自分の行ったことを言葉にするのが難しかった」

【乗り越える工夫】

❶**メモや資料を使う手法**
　●「日常でアイデアが浮かんだらメモを取って忘れないようにした」
　●「探究ノートに今までの資料を貼ったり，書いたりしていたのがまとめるときに役に立った」
　●「昔のメモを振り返ったり，作成した論文の振り返りをした」
❷**言葉や文章の工夫**
　●「したことを自分の言葉で書き，文章としておかしくないかを確認しながら振り返りをした」
　●「本を活用して専門用語を一般的なものに言い換え，堅い表現を柔らかい雰囲気に言い直した」
❸**他者とのコミュニケーション**
　●「第三者に自分の探究に足りない点を聞き，自分の意見と照らし合わせて修正点を見つけた」
　●「考えうる問題点を自分で出し切った後，発表を聞いた友達が受けた印象を教えてもらった」
❹**文章の構築・整理の工夫**
　●「頭のなかで思ったことを全部紙に書いて，その後整理した」
　●「一つ一つのプロセスを正確に振り返って各プロセスで何が大変だったかを丁寧に書き出した」
　●「失敗や成功，生まれた課題を一つずつ何故こうなったのか考えてからまとめた」
❺**具体的な方法やツールの活用**
　●「論文の話の進め方を参考にした。情報を得られるだけでなく書き方も論文から学べた」

悩みごと（2）新たな課題や問題点の浮上

探究の過程で，一つの課題を解決するたびに新たな問題が生じて終わりが見えない感覚になる生徒もいるようです。
　例）「問題を調べれば調べるほど問題が見つかった」「解決策を出したら，新たな課題が出てくる」「ポイ捨て問題では，個人の意識の違いをどう解消するかという，新たな課題点が浮上した」

【乗り越える工夫】

❶**情報収集と調査**
　●「他の人の発表を参考にして様々な視点から考えた」　●「大学が出している論文を読み，大学でもっと学んでいきたいと思った」
　●「さらに情報収集をしてそれはまた解決可能なのか調べた」
❷**意見やフィードバックの収集**
　●「発表会で得た友達の意見など参考に今後さらに追究しなければならないことを明確にできた」
　●「発表を聞いた人に軽いアンケートをとることで，今回の達成率や客観的な意見を得られた」
❸**自己反省と整理**
　●「まとめるのが遅くて忘れているところがあった」　●「紙に書き出して整理する」
　●「将来その問題を解決することができるように，振り返りをまとめた」
❹**具体的なアクションと計画**
　●「次回の課題解決では，課題の課題の解決策も考えるようにすることで乗り越えたい」
　●「乗り越えられなかったので，今度の機会では，もっと解決策に繋がる実行をしていきたい」
❺**心構えと感じたこと**
　●「それでも少しずつ変えていくことで乗り越えられると思った」　●「自分たちの世代の目線で考えた」

悩みごと（3）自分の行動や考えを客観的に見ること

自分のミスや不足している点を冷静に第三者の視点で評価するのが難しいようです。
　例）「自分の行動を客観的に見ること」「自分の悪いところを見つめる」
　　　「自分を主観的にではなく客観的にみることはまだ難しいと感じた」

【乗り越える工夫】

❶協力・共同作業による解決
 ●「友達と協力して進めることができた。役割分担が大切だと改めて分かった」

❷外部情報や他者の意見を取り入れる
 ●「アンケート結果より，どうすればパラグッズを知ってくれるのか考えた結果，パラグッズを購入できる店舗の地図を作りたいと考えた」
 ●「他の人の発表を聞いて自分のものと比較することで足りなかったところが自然と見えてきた」

❸自分の考えや行動を客観的に分析・評価する
 ●「頭を捻って考えた」 ●「いろんな視点から見て考えた」 ●「一つ一つ思い出して順序通りに振り返った」
 ●「自分はこの課題をどうしたいのかを常に頭において進めることが大切」
 ●「大学に行っても気になることを調べたり考えたりして今後も探究していく」

❹具体的なアクション・調査を実施
 ●「課題をしっかり受け止め，自分達がしたことで良かったところを見つけていった」
 ●「新しい課題に取り組めていない。スマホ内コミュニケーションを調べ，解決策を提案したい」

❺自分の行動や結果をまとめる・反映させる
 ●「自分の実行したことやアンケートをもとに考え直した」 ●「探究を通して自分がしたことをまとめて書き出した」
 ●「細かく分析して，次につながるように振り返りをした」

悩みごと（4）全体のまとめや構造の整理の難しさ

探究学習の全体的な流れや，それぞれのプロセスを整理し，まとめるのが大変な人もいるようです。特に，各段階での反省を深く行っていなかった場合，後から全体を振り返るのは困難なようです。
 例）「全プロセスを振り返り言語化する」「それぞれのプロセス後の反省を深く行っていなかったために，スムーズに振り返りを言語化することができなかった」

【乗り越える工夫】

❶外部情報や他者の意見を参考にする
 ●「周りの人の取組を参考にしたり，情報収集の過程で得たたくさんの知識を生かしたりした」
 ●「グループの子たちと話し合った」 ●「周りの案や意見を参考にまとめた」

❷具体的なツールや方法を利用する
 ●「ノートに貼っておいたメモなどを一つずつ確認していった」
 ●「資料を定期的に振り返って内容を理解するようにした」

❸自分の過去の活動や結果を参照する
 ●「自分の作ったレポートを見て，自分が何をやったか思い出した」
 ●「全体的な振り返りではなく，部分部分の振り返りにした」

❹時間をかけて検討・整理する
 ●「時間をかけてゆっくりまとめた」 ●「結構考えてまとめた」 ●「じっくり考える」

❺反省や再評価を通じてのアクション
 ●「言われたこと吟味する」 ●「今回の反省としてテーマをもっと絞った探究をしたい」
 ●「まだ乗り越えていないので，反省点をまとめて，どう生かせるかを考えていきたい」

悩みごと（5）反省や改善点の多さ，良い点の見つけにくさ

振り返りの際に，自分の失敗や改善点に目が行きがちで，成功や良かった点などのポジティブな側面を見つけるのが難しく感じる人もいるようです。
 例）「振り返りでマイナスな部分しか出てこなかった。プラスの面を見つけるのが大変」
 「自分の反省点が多すぎて困った」

【乗り越える工夫】

❶他者との協力・コミュニケーションを活用
 ●「共同で探究を行った人と一緒に振り返りをした」 ●「今後どんな実行をすればいいか，他者の発表を見て振り返った」
 ●「他者の意見を取り入れ，良いところ・悪いところを判断した」

❷ポジティブな視点・前向きな考え方の導入
 ●「今更実行してももう遅いので，いつか私の解決策が実現する日が来たらよいなと思います」
 ●「振り返りの，＋とーの両方を探すことが大切で，頑張ったところを見つけるようにした」

❸具体的な方法・ツールの使用
 ●「自分が作った資料を見てよかったところを見つけ，次に生かしたいところも書き出した」
 ●「実行したことを振り返り，ノートにまとめた」

❹問題解決・課題への取組の整理
 ●「解決すべきことを細かく分解した上で，何から直せばいいかを考えた」
 ●「自分の行動から振り返って，不十分なところときちんと向き合う」 ●「実行できなかった理由を課題とした」

❺シンプルな振り返りの実践
 ●「抽象的に振り返る」 ●「できるだけ急いで終わらせるように頑張った」

2 「振り返り」で「教師が困ること」と「解決テクニック」

　探究プロセスにおける「振り返り」とは，得られた結果を新たな課題解決の挑戦へとつなげる活動です。この「振り返り」の指導で教師が困ることがあるのは，次のような点です。

> 困ること1　振り返りの目的が共通理解されていない
> 困ること2　振り返りに関する教師の知識や技術が不十分
> 困ること3　適切な自己評価が難しい
> 困ること4　振り返り内容に対する個別の意見・助言の提供が難しい
> 困ること5　振り返りの学びを次の探究につなげるのが難しい

　以下，それぞれの困りごとと解決法について説明します。

困ること1　振り返りの目的が共通理解されていない

　生徒が振り返りの目的や重要性を十分に理解していないと，表面的な振り返りしかできず，真剣に取り組まないことがあります。

解決テクニックA　目的を明確化する

　振り返りの目的を示し，生徒になぜ振り返りが重要なのかを説明する。例えば，「今日の振り返りの目的は，自分の学びを深め，次回の探究に活かすことです」と明示する。合わせて「探究では，言語化できたことが身に付くと言われています。しっかり考えて言語化しよう」と声かけをする。

解決テクニックB　コルブの経験学習モデルを知る

　活動や研修をしても，そのままだと学びは多くない。伸びる人は活動後に「振り返り」「まとめ（教訓化）」「実行」しているという，コルブの経験学習

モデルを紹介する。

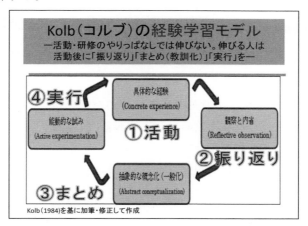

Kolb（コルブ）の経験学習モデル
—活動・研修のやりっぱなしでは伸びない。伸びる人は
活動後に「振り返り」「まとめ（教訓化）」「実行」を—

④実行
能動的な試み
(Active experimentation)

具体的な経験
(Concrete experience)
①活動

観察と内省
(Reflective observation)
②振り返り

抽象的な概念化（一般化）
(Abstract conceptualization)
③まとめ

Kolb（1984）を基に加筆・修正して作成

困ること2 振り返りに関する教師の知識や技術が不十分

　教師自身が振り返りのプロセスについて理解していないと，振り返りの項目をどうしたらよいかがよく分からないなど，振り返りのプロセスがうまく機能しない可能性があります。

解決テクニックA 教員研修を活用する

　教師が研修に参加し，具体的な振り返りの方法やツールの使用方法を学ぶ。

解決テクニックB 先輩教師に協力してもらう

　経験豊富な教師に振り返りの指導法について助言を求め，一緒に授業を計画する。「この人は！」という教師が校内に一人はいるもの。勇気をもって教えを乞うと，よい関係を築くきっかけにもなる。

解決テクニックC 評価項目を決定する　　　　　　　*酒井（2023）参考

　「できたか」「できなかったか」という結果のみを振り返ったり，「できなかったことの反省のみ（反省会）」を振り返ったりしていては，未来につながりにくい（「次につなげてこその振り返り」）。

　振り返りでは，どんな経験を通して，何を学び（何ができるようになり），反省点や課題は何で，その理由は何か（過去に戻ってもう一度行える

としたら，何を改善したいか），次のアクションはどうするのかを振り返る。

困ること3　適切な自己評価が難しい

　生徒が自分の学びや成果を客観的に評価する能力が不足している場合は，自己評価の指導が困難になります。特に，よくできていると思われる生徒ほど自己評価が厳しかったり，逆にあまり行動しているようには見えないのに，自己評価が甘かったりするのは，よくある例でしょう。

解決テクニックA　モデルを紹介する

　振り返りでは，生徒の長所が伸びた記述だけでなく，弱点の克服についても気づかせたい。うまくいった点は書きやすいが，もともと苦手だったことができるようになったという記述は，それほど簡単には出てこない。そこで，以下のような内容を紹介して，「確かに自分も」と気づかせる。

●**発表への自信**：以前は授業で意見を発信することが怖かったが，探究学習の成果発表を通して，他者に考えなどを積極的に発言できるようになった。

●**時間管理能力**：探究学習を進める中で，計画的に時間を使うことの重要性を学び，時間管理のスキルが向上した。

●**協力の大切さ**：グループ作業が苦手だったが，探究学習を通して協力の重要性やチームワークの価値を実感し，他者との協力の姿勢が強まった。

解決テクニックB　ペア（グループ）相互評価を導入する

　生徒同士でペアを組み，互いの振り返りを書いた後に交換して読み合い，評価させる。どのように評価するかを明示してから行うとよい。

　　例）評価項目：自己評価の精度，振り返りの深さ，次へのつながりなど
　　　　具体的なコメントや提案：よくできていた点，改善が必要な点
　　　　建設的な意見・助言：評価は相手の成長を助けるため

解決テクニックC　他者評価を導入する

　グループの場合は，探究のプロセスで「特によく頑張っていた人」を記名してもらう方法もある（p.137参照）。自己評価に厳しめの生徒でも，他者のことならしっかりと書いてくれ，仲間からの評価がよく分かる。

困ること4　振り返り内容に対する個別の意見・助言の提供が難しい

　生徒が振り返った内容について，生徒一人ひとりに的確な意見・助言を提供するのが時間的に困難な場合があります。

解決テクニックＡ　ペアでの相互評価を活用する

　生徒同士で振り返りをした後に，その内容をペアで相互評価させる。どのように意見・助言を提供するかを教える（困ること３の「解決テクニックＢ」参照）。この方法は，教師が一人ひとりに意見・助言を提供する時間を節約し，生徒間のコミュニケーションも促進できる。

解決テクニックＢ　グループ意見・助言を導入する

　生徒を小グループに分け，各グループに対して一括の意見・助言を提供する。個別の意見・助言よりも時間を節約できる。

困ること5　振り返りの学びを次の探究につなげるのが難しい

　評価の機能の一つは，「学習の改善」に資すること（p.182参照）。ただ，振り返りの結果を次の探究学習にどう活かすか，その方法を見出すのが困難なことがあります。探究学習は連続的なプロセスであり，次の学びへとスムーズにつなげないと，学習効果が下がる可能性があります。

解決テクニックＡ　未来につなげる

　振り返りとは，過去の経験から学び，振り返りを未来につなげる行為である。成長したことや残された課題を確認して，次につなげる意識をもつ。

解決テクニックＢ　探究学習の継続性を強調する（前回の振り返りの活用）

　振り返りの結果を次の探究学習の計画に活用する。例えば，前回の振り返りで挙げられた課題や改善点を振り返り，それを基に次回の学習目標に設定する。これにより，振り返りが単なる終了作業でなく，次の学習につながるものとなる。

　そのため，振り返りシートは，「探究ノート」（p.77参照）などに貼らせるなどして，前年度のものも手元で参照できるようにするとよい。

3 指導事例① 振り返りの授業は，どう進める？

1 年度末の「振り返り」とは？

振り返りは，探究学習において欠かせません。振り返りを怠ると，生徒は数々の活動に参加しても，「具体的に何を学んだのか」が明確でなくなる可能性があります。振り返りの重要性は，以下の2点で説明できます。

①学習の確認（自分が立てた課題と解決策，プロセスを自分で評価する）

②次へのステップ（振り返りで得た気づきや反省点を次の探究学習に活かす）

生徒にも，探究を進めながら，具体的に記録を書き残していくことを推奨しましょう。このために，学年末の振り返りの様式を，学年の最初に配付（配信）し，活動を進めるたびに気づいた点をメモするよう指導する方法が有効です。

2 「振り返り」の具体的な手順

振り返りを効果的に進めるためには，以下の手順がオススメです。

①フォーマットの説明（「探究の目的」や「困ったこと」など必要項目を明示）

②気づきのメモ（探究ノート，レポート，意見交換などを利用して振り返る）

③Google フォームの活用（同内容を Google フォームにも入力してもらう）

④教師との面談（シートを基に短い面談を行い，気づきや自信につなげる）

⑤振り返りの分析（生徒の振り返りは貴重なデータ。分析しまとめることで，今後の指導の改善に役立てられる。本書の各プロセスでの「生徒の悩みごと」（p.48等）は，約500名の生徒アンケートの整理・分析から生まれた知見）

以上の手順を踏むことで，振り返りは「終わり」でなく，次の「始まり」へとつなげることができます。生徒に加え教師も多くを学べます。

【振り返りシートの例（年間振り返り）】

本生　探究「地元企業探究」（プロセス）ふりかえりシート　「主体性&貢献意識」　●年（　）組（　）番名前（　）

重要　以下の各プロセスで努力したこと・工夫したことを具体的に書こう（探究は振り返って「言語化」できたことが特に詳しく書けると言われます。）

1企業について（振り返ろう）

| 企業番号（数字） | | 企業名（　） | 担当（　）先生 |

（1）企業の紹介（事業内容・業種・規模・SDGsとの関連はどうなど）関連SDGsのイラスト（下欄に書く）

SDGsとその企業の理由　主な目標番号（　）目標（　）

（2）いただいた課題について

企業様からいただいた課題や条件等：

自分たち（グループ、個人）の最終的な解決策：

2探究プロセス（3）課題の設定　（※どんな困難があり、それをどう乗り越えて何を得たかを書こう）

●探究「地元企業探究」の目的　※初③の目的を踏まえて、各プロセスの主体性を記述すること。

①地元企業探究（企業の良さや課題を知り、地元に新たな価値を与えること）

②課題解決（企業からいただいた課題の解決を通して、課題解決力を身に付ける）

③探究プロセス（⓪⑧を通して「課題の設定・情報収集・整理分析・まとめ表現」を身に付ける）

探究プロセス（3）課題の設定　[この企業や課題を選択した理由及び自分の進路・生き方との関連付け]

[困難]　[どう乗り越えた？／どんな力が身に付いた？（5・4・3・2・1）]

探究プロセス（4）情報の収集　書籍・インターネット・アンケートなど　取り組みの選択（限定的に行おう）（5・4・3・2・1）

[困難]　[どう乗り越えた？／どんな力が身に付いた？]

探究プロセス（5）整理・分析　（収集したデータ・情報の効果・整理・分析・まとめ表現を身に付ける）

[困難]　[どう乗り越えた？／どんな力が身に付いた？]

探究プロセス（6）（7）解決策の提示　（自分の考えを方向付けに活用して探究プロセスは？）

[困難]　[どう乗り越えた？／どんな力が身に付いた？（5・4・3・2・1）]

探究プロセス（6）（8）まとめ・表現　（※各回ごとの理由を書いてみよう）

[困難]　[どう乗り越えた？／どんな力が身に付いた？（5・4・3・2・1）]

★【重要】★上記探究を通して自分が最も力を入れて頑張ったプロセスは？　→　（　）

3「地元企業探究」を通じて身に付いたか（数値限定で、何をずし、レベル1（低）・3（普通）・5（高）で振り返ってみよう）

①自分への効果（学校内で高めた・成長した「6つの資質能力」）について、レベル1（低）・3（普通）・5（高）で選択に○をする

①コミュニケーション力（互いの想い・考えを認め合うこと）	5・4・3・2・1	⑤協調性（多様性を認め合う協力）	5・4・3・2・1
②創造力（新たな方法や価値の創造）	5・4・3・2・1	⑥チャレンジ精神（困難・負けずに挑戦・挑戦）	5・4・3・2・1
③思考力（広くまとめる多角的な見方で見て考え・判断）	5・4・3・2・1		

M他者評価（同じグループ・チームで特に活躍していた2人に感謝の言葉を伝えよう）

名前①：　　理由：

名前②：　　理由：

（1）地元企業探究の効果（地元企業を知る（自社の企業に、どんな企業の課題解決が、どのような環境や時代を伸びせる環境や配慮）

（2）地元企業探究の目的②【課題解決力を伸ばす】（地元企業解決して、どのような課題解決力が身に付いたか）

（3）地元企業探究の目的③【探究力を身に付ける】（探究力をグループ一方で伸ばす）（伴走者の信頼（やり人間探究に関する探究プロセスや時代性的成長）に取り組む力の育成）

（4）主な参考文献・サイト・協力者（地元企業探究を進めたときに利用になった情報源・関係者など）　検印

*この下欄をもとに Google フォームに入力します（あとでまとめて探究プロセスにおける「困難点」や「好事例」の共有を図り改善につなげるため）。

10章 高度化・自律化を目指した探究学習のアップデート

1 地域・企業と連携して「社会の創り手」を育む

1 地域・企業と連携して「持続可能な社会の創り手」を育む

学習指導要領における教育の「理念」は，「持続可能な社会の創り手を育む」ことでした（p.13参照）。生徒の「資質・能力」を伸ばす，地元への「愛情」や「貢献意識」「課題意識」を育む，「行動力」をもって地域や国際社会を支えていこうとする人を育成するには，学校外の地域や大学・企業・社会教育施設等との連携が必要です。大きな教育効果を持つからです。

実際に可能なのは，次のような連携です。

●地域の企業・市役所・商工会議所等との連携

「持続可能な地域を支える活動」として，地域や企業の課題解決に取り組ませていただく。

●大学との連携

「地元高校生が考える駅前再生計画」などの，まちづくりに係る高大連携プロジェクトが可能。また，探究学習の基礎講座や講師派遣なども可能。

●各種 NGO・NPO の協力

ボランティア活動や講演会の実施や，プロジェクトやコンテストへの参加など。また，「ユネスコスクール」や「ハッピースクール」（ユネスコ・バンコク事務所主催）などの取組も学校教育改革につながる。

●海外の姉妹校・交流校

生徒同士の短期留学や語学研修，ホームステイなど。SDGs に基づいたプレゼンテーションやディスカッションなどの取組も生徒に刺激になる。

連携時は，右頁のような資料を持参して，「よりよい学校教育を通じて，よりよい社会を創る」という目標などを先方と共有するとよいでしょう。

【企業を含めた外部連携をする際に持参する資料】

今後の学校教育が目指す流れや資質・能力について（目的共有資料）

【本資料の目的】教育の流れや資質・能力を連携先と共有することで、よりよい連携のきっかけとする。

（1）「社会の変化」に対応するため教育界も教育改革を進めている

> 【社会の変化】
> 「グローバル化」、「人口減少や超高齢化」（2040年には人口が1000万人減り、総人口の3分の1を65歳以上の高齢者が占めると予想）、や「人工知能（AI）の驚異的な発達」やそれに伴う「職業の変化」など、今後は大きな変化が起きることが予想されている。

（2）こうした時代に必要となる資質・能力を学校内外で育成する

> ①知識・技能（狭義の学力に相当）
> ②思考力・判断力・表現力等（スキル・能力面）
> ③学びに向かう力・人間性等（主体性・多様性・協働性などの人間性）
> ＊以前のように「教科の力」を伸ばす教育から、現在では「能力」や「人間性」までの育成を重視している。

【高校現場の実際】
　すでに全国の学校では、「先生の話を聞くだけでなく、社会課題に対して自身の考える解決策を実行し、取組をまとめてプレゼンテーションする」、「海外の人とSDGsなどについて英語でディスカッションをする」、「自他の夢を実現するために海外の国際支援や研究に参加する」、「自らボランティア活動に参加する」などの取組が行われている（「実社会・実生活に役立つ学び」）。

（3）こうした時代の学校教育の理念（幼稚園、小中高共通）

> これからの学校には、（中略）一人一人の児童（生徒）が、自分のよさや可能性を認識するとともに、あらゆる他者を価値のある存在として尊重し、多様な人々と協働しながら様々な社会的変化を乗り越え、豊かな人生を切り拓き、持続可能な社会の創り手となることができるようにすることが求められる

（出典）学習指導要領（2017）の前文（改訂の理念を社会で広く共有するために明確にする部分）

（4）これからの教育で大切なのは「よりよい学校教育を通じてよりよい社会を創る」こと（＝目標）

> ①「よりよい学校教育を通じてよりよい社会を創る」という目標を学校と社会で共有すること
> ②学校と社会で新しい時代を担う生徒に必要な資質・能力を明確にすること（先述の（2）参照）
> ③学校教育を学校内に閉じずに、地域や社会の方と連携・協働して目標を実現させること

＊まさに今回のグローバル人材育成事業はこれに当たる（「社会に開かれた教育課程の実現」を目指すもの）。

（5）「総合的な探究の時間」の目標（育成を目指す資質・能力の要約）

> ①課題の発見と解決に必要な知識・技能を身に付け、課題に関わる概念を形成し、探究の意義や価値を理解するようにする。
> ②実社会や実生活と自己との関わりから問いを見出し、自分で課題を立て、情報を集め、整理・分析して、まとめ・表現することができるようにする。
> ③探究に主体的・協働的に取り組むとともに、互いの良さを生かしながら、新たな価値を創造し、よりよい社会を実現しようとする態度を養う。

＊実施上の留意点…実社会や実生活との接点、他教科等との関連、外部の教育資源の活用及び他校との交流

（6）各学校が定める総合的な探究の時間の「探究課題」の例（本校はこのうち②を中心に実践）

> ①横断的・総合的な課題（国際理解、情報、グローバルな環境問題、福祉の仕組みや取組、エネルギー問題など）
> ②地域や学校の特色に応じた課題（地域活性化などのまちづくり、伝統文化、地域経済・安全なまちづくり（防災））
> ③生徒の興味・関心に基づく課題（文化や流行の創造や表現、社会と教育の質的転換、生命の尊厳と医療・介護）
> ④職業や自己の進路に関する課題（職業の選択と社会貢献・自己実現、働くことの意味や価値と社会的責任）

（7）文科省は「地域との協働による改革」（地域協働推進校）を推進中　＊本校も推進

> 地域課題の解決等の探究的な学びを通して、未来を切り開くために必要な資質・能力を身に付けるとともに、地域への課題意識や貢献意識を持ち、将来、地域で地域ならではの新しい価値を創造し、新たな時代を地域から分厚く支えることのできる人材（「地域人材」）の育成を図る。

2 解決策への飛びつきは避けよう
―問題の「本質的な原因」が鍵

1 課題設定後に解決策にすぐに飛びつかない

　多くの生徒は，課題が見つかれば，すぐに解決策に取り組みたい気持ちになります。例えば，「フードロス」の問題の場合，「農家で余った野菜をジュースにして販売すればいい」という解決策が頭に浮かびがちです。

　しかし，この「解決策に飛びつく」アプローチだけで，「フードロスの解決」という，真の問題の解決につながるでしょうか。

　例えば「咳が出る」という問題を考えても，原因が「風邪」か「花粉症」か「感染症」か「ホコリを吸ったか」によって，適切な解決策（処方）は異なるはずです。以下は，例です。

	一般的に想定される解決策や処方の例
風邪の場合	咳止めシロップを処方する。安静に過ごす。
花粉症の場合	抗ヒスタミン薬を処方する。マスクを着用する。
感染症の場合	抗生物質を処方する（原因で異なる）。自宅待機する。
ホコリを吸った場合	咳止めシロップを処方する。掃除や換気を促す。

　つまり，「問題の本質的な原因によって解決策は異なる」ということです。

　こう考えると，「問題の本質的な原因」の特定には，課題に直面したときにすぐに解決策に飛びついてはいけないことになります。では，どうしたらよいのでしょうか。

2 「なぜか」を繰り返して本質的な原因を特定する

　それには，「なぜか？」という質問を繰り返して原因を特定することです。これは，医師が「問診」と「検査」を通じて原因を特定していくイメージ

に似ています。

　探究的な学習には，このようなアプローチが必要なのです。

　課題の原因を特定するためには，リサーチが必要です。リサーチを通じて，教科横断的な幅広い知識が身に付き，ネットや図書館だけでなく，現地でのフィールドワークによる生の声を集めることで，多様な他者との協働も生まれます。さらに，時間があれば考えた解決策を「実行」し，検証することが最高の学びとなります。

　探究学習や，各教科での探究的な学びを進める際には，ぜひ生徒と，「すぐに課題の解決策に飛びつかずに，問題の本質的な原因を探そう。問題の原因によって解決策は異なる」という知識を共有してみてください。

　ただの「調べ学習」や「解決策のアイデア提案」というレベルを超えて，真の課題解決力を伴う実りのある学びになるはずです。

【解決策にすぐに飛びつくな】

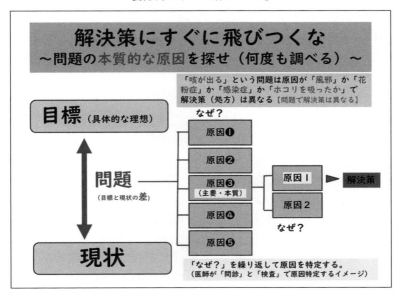

10章

3 社会で役立つ持続可能な解決策を考える 2つのヒント

1 作ったアイデアで稼げるか？

　探究活動で解決策のアイデアを考える場合に，注意したいことがあります。それは，「作ったアイデアで稼げるか？」と「どう伝えるか」です。

　どんなによいアイデアでも，利益が出ないと継続できません。つまり，持続可能な解決策ではないのです。この考えは，福山市・備後圏の6次産業化アドバイザーをお務めの中島基晴さんから教わったものです（p.103参照）。

　さらに，中島さんはおっしゃいます。「自分たちが言いたいことでなく相手（企業や組織）が聞きたい提案を」「高校生ならではの斬新な視点，企業が忘れがちな点からの提案を」「相手の心を動かし，その内容でやってみようと思ってもらう決断や行動を促す提案を」。大きなヒントになります。

作ったアイデアで稼げるか？
利益が出ないと続かない
（持続可能な解決策にならない）

福山高校探究成果発表会　中島基晴様助言
「提案ごっこで終わらない。
次のような提案を・・・」

❶「儲ける」という視点を忘れない提案を
（儲からないと、社会貢献も福利厚生もできない）
❷言いたいことでなく相手が聞きたい提案を
❸社会に出ていない高校生ならではの斬新な
視点、企業が忘れがちな点からの提案を
❹相手の心を動かし、決断や行動を促す提案を
（「その内容でやってみよう！」と思ってもらわないと、ただの情報発信。
企業の方と最後の発表時だけでなく、途中段階からしっかりと対話する）

上記の話をすると，多くの生徒は，この「儲ける」「持続的に売る」という考えに及んでいなかったことに気づきます。以下，生徒の感想です。

- 「売れなければ広がらずに意味がないので，アイデアの伝え方を考える」
- 「フードロスをなくしたいという思いだけでなく，利益も出すことを考える。そのために詳しい人に集客と宣伝方法について意見を求めたい」

2 「どう伝えるか」まで考える

もう一つは，「どう伝えるか」の重要性です。

せっかく考えた提案や商品も，他者に知られないと存在していないのと同じです。だから企業でもCMに力を入れているのです。

一方，生徒は，「解決策のアイデア出しで精いっぱい」，または，「知らせるにはSNS」と安易に走りがちですが，現在の「超情報過多時代」には，ほとんどの宣伝はスルーされます。先方が，時間を使いたい，シェアしたいと感情が動く方法を考えましょう（企画や製品にストーリーがあるとよい）。

「どう伝えるか」も考える

作った商品も知られないと存在しないと同じ

何でどう伝えればいいか？
（どんなメディア〈ビークル：乗り物〉だとターゲットに企画が届くか？）

❶マスメディア（TV、新聞、ラジオ、雑誌・・）
❷SNS（インスタ、フェイスブック、TikTokで使う年代やコンテンツが異なる、各種媒体の特性を検索しよう）
❸他（看板、店頭POP、社員の制服、マスク・・）
　＊アイデアを載せるメディアは多数（プレスリリースの工夫も）

❶スルーされない
情報発信の工夫を
今は「超情報過多時代」
宣伝の99.996％はスルー
（取得は10万分の4・・）

❷買い手が時間を使いたい、シェアしたい、感情が動く情報か
●『北風と太陽』なら太陽作戦で
（力づくより自ら）●コンセプト作り

（出所）田中淳一（2022）『地域の課題を解決するクリエイティブディレクション術』を参考に作成

4 探究を高度化・自律化するための具体例

1 探究「改善」のためのキーワードは？

　高校の「総合的な探究の時間」で期待されるのは，中学校時代と比べて，探究活動がより「高度」で「自律的」に行われることです。

　学習指導要領が掲げる「高度化」と「自律化」のキーワードには，次の7つの要素があります。

【高度化】整合性，効果性，鋭角性，広角性
【自律的】自己課題，運用，社会参画

　これらのキーワードは，探究を改善するヒントになります。しかし，学習指導要領には，具体的な紹介はありません。そこで，各キーワードの意味と，探究活動（例：まちづくり）に適用する具体例を考えてみましょう。

2 探究を高度化・自律化する7つの要素

❶整合性（探究の目的と解決方法が矛盾しない）

　探究の「目的」（コミュニティの絆を強める，観光を促進するなど）と探究「方法」（調査，分析，デザインなど）を合致させる。

　例）「（歴史や文化に焦点を当てることで）まちづくりで観光を盛り上げたい」なら，地域の魅力や文化を調査・分析する探究方法を選択する。

❷効果性（探究で資質・能力を適切に活用している）

　生徒が自分のスキルや能力を上手に使って，効果的な探究を行う。

　例）「調査スキル」を活用し地域の歴史や文化の情報を集める。「分析力」

を活かしてその情報から新たな視点やアイデアを導き出す。

❸鋭角性（探究を特定の観点に焦点を絞り，深く探る）

特定の視点に焦点を当てて深く探究する。

例）「まちづくり」の中で，「地域の歴史を活かしたまちづくり」に焦点を当てて，その観点から深く探究する。

❹広角性（探究が広範囲の可能性を視野に入れて行われる）

たくさんの視点から探究する。

例）地域の歴史だけでなく，地理や人口動態，経済などの視点から「まちづくり」を検討し探究を進める。

❺自己課題（自分にとって深く関わりがある課題に取り組む）

（「まちづくり」の中で）自分が関心を持つ問題に取り組む。

例）自分の住んでいる地域が直面している問題や課題を探究の対象とする。

❻運用（探究のプロセスを見通しながら自分の力で進める）

探究の全体の流れを見ながら，自分の力で進める。

例）計画を立てて自分で情報を集め，整理・分析し，結論を出す。

❼社会参画（得られた知見を活かし，社会に参画しようとする）

得られた知見を活かして，社会に貢献しようとする（社会参画）。

例）探究の結果を地域と共有し，地域のまちづくりに役立てられるよう提案をして，課題解決策とともに取り組む。

3 探究プロセスにおける改善策

　それでは，探究を「高度化」し「自律的」にする各キーワードを，探究の各プロセスでどう活かせばよいのでしょうか。

　以下，各ステップでの「現状」（高度化と自律化を意識していない指導）とそれをより高度で自律的にするための改善案を比較して表にしてみます。

探究の プロセス	改善前	改善案（高度化と自律化を目指した探究）
課題の 設定	教師の指示に従って問題を見つけ，問いを設定する。	探究の目的と解決方法を一致させる（❶整合性）。自分の興味や地域の問題を課題とし（❺自己課題），それに対する問いを深く（❸鋭角性）掘り下げる。
情報の 収集	教師が示した情報源から，教師の指示に従って情報を集める。	自分の資質・能力を適切に活用（❷効果性）して，生徒が問題に合わせた情報源を見つけ，その情報を深く（❸鋭角性）かつ広範囲（❹広角性）に調査する。
整理・ 分析	教師の指示に従って情報を分析し，整理する。	その調査の目的と方法を一致（❶整合性）させ，特定の観点に焦点を絞り，深く探る（❸鋭角性）。自分の力で問題に対する情報を分析・整理し（❻運用），仮説を設定する。
課題解決 策の実行	教師が示した実験や調査を行い，その結果を基に仮説を検証する。	問題に対する仮説を，探究の目的と解決方法を一致（❶整合性）させ，生徒自身が自分の能力を活用（❷効果性）して検証する。
まとめ・ 表現	主に教師やクラスメートを対象に報告や発表を行う。	自分の力で出した結論（❻運用）を，資質・能力を適切に活用して（❷効果性），地域社会に発表し，社会に貢献する意識を持つ（❼社会参画）。
振り返り	形式に沿って振り返りを行う。今回のものだけを振り返る。	広範囲の視点から振り返る（❹広角性）。次のステップにつなげることを意識して自分の力で行う（❻運用）。

4 探究が自律的に進まない場合の対処法

　探究活動が自律的に進まない生徒がいる場合，ただ待つだけではなく，適切なサポートが必要です。以下に，負担が増えすぎずに生徒の取組を促す持続可能な対処法を5つご紹介します。

> ### 探究学習のポイント
>
> 先生・生徒の負担が大きくなりすぎない「持続可能な探究」にする工夫は？
>
> ❶発表スケジュールの事前共有
> ❷ガイダンス冊子を詳細版に
> 　「年間の見通し・最終成果物」「各授業ですること」
> 　などの把握　→　毎回の教員会議も不要に
> ❸モデル（最終成果物）の早期提供
> ❹チェックリストを設ける
> 　（何がどうなればいいか明確）
> ❺発表やまとめ資料はA4・1枚に厳選

①発表スケジュールを共有する

　発表間近になるとエンジンが入る生徒もいます（締め切り効果）。発表日等のスケジュールは，事前に生徒と共有しましょう（下線が発表日）。

1学期	4月19日：課題の設定シート再提出・Googleフォーム入力 5月17日：グループ確定・各自で情報収集／整理・分析 <u>6月7日・21日：進捗状況のクラス発表（1人1分）</u> 7月：夏の探究実行計画立案
夏休み	<u>8月：解決策の実行・まとめ・発表スライド作成</u>
2学期	<u>9月13日：クラス発表（1人2分）</u> <u>11月22日：グループ発表（SDGsグループ内で発表し知見を得る）</u> 12月：振り返り・ブラッシュアップ
3学期	<u>1月10日：学年代表者発表（同級生の発表から刺激を共有する）</u> 1月：夢プロの振り返り（探究プロセス別） 2月：次年度の課題研究に向けて

②ガイダンス冊子を「詳細版」に

大切なことや日程は最初のガイダンスで示しておきます（見通し）。

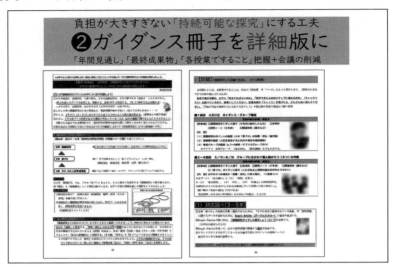

③モデル（最終成果物のイメージ）を早いうちに示す

④チェックリストを設ける

　各プロセスでどのようなことができていればよいかのチェックリストを設けると，進める生徒にも，進捗状況を把握する教師にもメリットがあります。

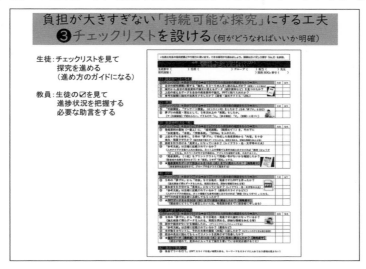

⑤発表やまとめ資料はＡ４・１枚で（枚数を制限すると工夫も生まれる）

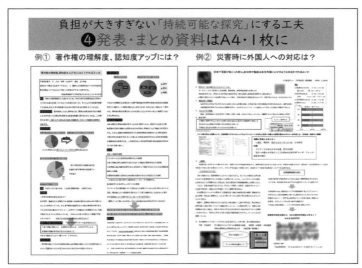

5 入門期にオススメの活動
―ケースメソッドで商店街の活性化問題に挑む

1 この活動とは？

　探究学習の初期段階で最適なのが，ケースメソッドです。事例を基に，課題を発見し，どうプロジェクトを実行するか，探究プロセスを疑似体験できます（ケースメソッドについては，p.152の資料をご覧ください）。これは，中村怜詞先生（島根大学）の研修で紹介された実践（「港弁」）を参考に，実際の事例を基に作成した活動です（教員用の探究研修でも使えます）。

2 指導手順とは？

①ケースメソッドについて説明する
　・ワークシートを配付し，ケースメソッドの説明部分を読み上げる（資料p.152参照）。
②「商店街の活性化問題」の資料を各自が読んで状況をつかむ
③各自で解決策を考える
　(1)ワークシート裏面の1に個人で取り組む。
　　文章を読んで，このプロジェクトをどう実現させるか，まずは個人で考えて記入する。
　(2)生徒がつまずいているようなら，次のような例を紹介してもよい。

事例に向けてクリアすべき課題	誰に働きかけ，どうクリアするか
・イベントの告知をどうするか	・参加者は各自の SNS で拡散 ・ポスターを作り各所に掲示 　（公的機関にもお願いする）

④チームで協議する

(1)各自の考えを持ち寄り，新しい考えを表に追記する。

　他の人の考えは赤ペンで記入すると，自分の考え以外にも多くの考え方があることに気づける。

⑤全体共有

(1)各チームが考えたことを全体で共有する。

　自分たちが考えていないアイデアに触れることができ，「なるほど」「それもあるな」という声があがる。

⑥振り返り

(1)この活動から「分かったこと」「気づいたこと」「考えたこと」などをワークシート（裏面）の３に各自で記入する。

(2)チーム内で気づきを共有し，それを全体でも共有する。

3　この活動から学べること

●批判的思考力の育成

　このプロジェクトは，「このアイデアで本当にうまくいくのか」という部分を含む事例にしてある。「これではうまくいかないのでは」と多角的に問題を考察することで，批判的思考力を身に付けられる。

●教科横断的な学び

　活動を通していろいろな知識を活用できることを楽しめる。

商店街でイベントを行うには，「商店街の代表だけでなく，警察への許可願もいるのでは」「許可はどうしたらもらえるのか」「食品販売には免許がいるのか」「高校生が販売してもよいのか」など。教科書内外から学んだ知識を教科横断型にフル活用させながら，探究を擬似体験できるのが，この活動の良さである。

探究活動　ケースメソッド（事例研究）
「商店街の活性化問題」

（１）「ケースメソッド」とは…

実際に起きた事例を教材として，あらゆる事態に適した最善策を，討議し導き出す教育手法のこと。

社員研修などで実施する企業が増えており，「能力開発」や「次世代リーダー育成」に有効な手法として注目されている（コトバンクより）。＊事例を先生から受動的に学ぶ「ケーススタディ」とは異なる。

（２）ケース

　次の文章は，ある高校の生徒が取り組んだ探究活動です。それを読み，皆さんが生徒だったらどのように動いて自分たちのプロジェクトを実現させるか，チームで協議してください。

　まずは次の文章を読んで，状況を理解してください。

　　地元・F高校のある探究チームは，F市中心部の「商店街の活性化問題」に取り組むことに決めた。商店街はこの20年で多くの店舗が閉店し，F市の賑わいが失われつつあるからだ。

　　探究活動を進めていくと，市民の多くが郊外のショッピングモールで買い物を済ませ，中心部の商店街はあまり利用されていないことが分かった。なぜ市民が商店街を利用しないのかを調べたところ，2つの問題が明らかになった。1つは商店街の駐車場が不便であること，もう1つは，商店街の店舗情報があまり知られていないということだった。

　　活動当初は，これを取り組むべき課題に設定し，情報発信を強化することでF市民に商店街の魅力を知ってもらい，商店街の活性化につなげることにした。発信方法は，LINEやInstagram，Twitterを活用し，主にSNSを用いることにした。

　　しかし，発信について考えれば考えるほど，これはどれだけの効果が見込めるのか不安になってきた。自分たちがLINEなどのグループを作って発信したところで，いったいどれだけの人が見てくれるのだろうか。また，見てくれたところで，郊外のショッピングモールに比べて不便な商店街を選んでくれる人はどれほどいるだろうか。そういった不安から，再度課題の設定そのものを考え直すことにした。

　　そこで，もう一度フィールドワークに出かけて情報収集し，市民が商店街に求めているものは何かを調べてみると，「地元の物産」や「人との交流」といった要素が重要だということが分かった。新たなショッピングモールのような施設を作るよりも，既存の商店街に「地元感」をより強く打ち出し，人々の交流の場を増やすことで，商店街の活性化につながるのではないかと考えた。

　　すると，商店街の店舗では商品を販売するだけでなく，地元の料理教室やワークショップを開くことで，人々の交流の場を提供するとともに，地元の物産を活用した商品の販売も考えられることが分かった。しかしながら，これらのイベント開催にはそれなりの予算と人手が必要であり，またそれぞれの店舗が自身のビジネスに集中したいと考えるであろうことから，この提案がすぐに受け入れられるとは思えない。

　　さらに，こうしたイベントは大半が地元の人々をターゲットにしているため，その魅力が外部にどれだけ伝わるかも疑問である。そのため，商店街全体としての集客力を高め，外部からの顧客を増やすという当初の目標に対して，十分な効果が見込めるか不明である。

　　こうした懸念を抱えつつも，地元の魅力を活かした新たな取組を立案し，商店街の店舗と協力して地元物産を活用したイベントの開催を提案するという，取り組むべき課題が決まった。ただし，この提案が市民に受け入れられ，本当に商店街の活性化につながるのかは未知数ではある。

＊本事例は，中村怜詞先生（島根大学）の実践を参考に，実際の探究活動の事例をもとに作成されたものです。

〔探究ケースメソッド　ワークシート〕

（　　）年（　　）番　名前（　　　　　　　　　　　　　）

1　文章を読んでこのプロジェクトをどう実現させるか，まずは「個人」で
　考えて記入してください。

実現に向けてクリアすべき課題	誰に働きかけ，どうクリアするか

2　チームで協議して，上の表に新しい情報や気づきを加筆してください。

3　この活動から「分かったこと」「気づいたこと」「考えたこと」などを記
　入してください。

6 探究に３年間取り組んだ生徒が感じた 「探究の良さ」と「課題」とは？

1 生徒が感じる「探究の良さ」とは？

　探究学習の成功の鍵は，そのメリットを生徒に伝え，感じてもらうことです。３年間探究を行った高校３年生に何を感じているのか尋ねました（７月）。生徒の自由な意見をまとめて分析すると，「教科学習と比べて探究がもたらすプラス面」として以下の10のポイントが挙げられました。

❶「主体的に学び，行動する力」が身に付く
❷「社会で求められる力」が身に付く
❸特に「課題発見・解決力」が身に付く
❹自分の「興味や将来」について深められる
❺「実践的な活動や検証」が行える
❻「社会」とつながり，「貢献する機会」が増える
❼幅広い「知識」が身に付き「視野」が広がる
❽「PC スキル」と「情報活用能力」が身に付く
❾自分の「弱点」が明確になる
❿日常生活にも「探究的思考」が浸透する

　生徒は次のように感じています。❶「問題を見つけ，情報を集め，解決策を考え，発表し，論文を作成する。これを１人でこなすことで，探究でかなり主体性が身に付いた」，❹「探究は，自分の夢を後押ししてくれる時間だと思う」，❿「『なぜ？』『どうしたらいいか？』と探究思考になった」。

【（教科学習と比べた）探究のメリット（生徒アンケートまとめ）】

（生徒アンケート）　教科学習と比べて「探究のメリット」（つく力などのプラス面）は？

❶「主体的に学び，行動する力」が身に付く
- 他教科に比べて，探究はどうすればいいか基礎知識すら少なく，本当にいい探究をしようと思うとすごく頭を使う
- 教科学習では受け身の姿勢だが，探究では自分で課題設定をして主体的に解決する
- 自分で問題を見つけ，それを証拠となる情報を集めて，問題を解決するための策を自分で考えて，それを自分で作成したスライドを使って発表して，最後は自分で論文を作成するというプロセス。これを自分ひとりでこなしていかなければならないので，今回の探究でかなり主体性が身に付いたと思う

❷「社会で求められる力」が身に付く
- 学校の勉強だけでは身に付かない「協働力」「コミュニケーション力」「主体性」をコツコツと上げられる
- 頭の良さも必要だが，それだけでは解決できないこともあると気づける（行動力，人間力など）
- 課題発見力，解決策を提案する力や思考力，STEAM の A などこれから必要な力につながる
- どうやって会社にアポをとるか，最低限のマナー，文書にまとめる際のルールなどを学べる
- 自立精神，情報収集力など，教科学習では身に付けることができない力がつく
- 計画性，主体性，情報整理力，表現力，言語化力，論文作成力，実行力などが身に付く
- 課題を見つけ，自主的に解決策を考え実行することで，AI にはない創造性を育むことができる

❸特に「課題発見・解決力」が身に付く
- 実際に課題解決を体験することで，解決策を考え，課題を解決する方法が具体的に分かる
- 自分で分析し，考察，実行，振り返りをすることで，解決に必要な力が身に付く
- 現在は与えられた仕事をこなすだけでなく，自分で課題を考え，解決策を発信する課題解決力が必要な時代だと思うので，探究活動を通して身に付いたことを生かしていきたい
- 正解のない問題に対して，自分なりに答えを出す力

❹自分の「将来や興味」について深められる
- 将来に向けた探究なので，今どんな課題があるのかを事前に知ることができる
- 自分の将来やりたい仕事や興味のあることに関して多くのことを学べる
- 自分の将来のため，自分の学びたいことに一番心を勉強に向ける
- 3 年間，薬と人体に関する機会を与えられ，私はさらに医療系の仕事に興味がわいた
- 自分の夢を後押ししてくれる時間だと思う

❺「実践的な活動や検証」が行える
- 見るだけで終わらず，自分で行動し体験することができる
- アンケートやインタビューなど屋外で実行することで，学校内では分からない領域で調査できる
- 授業は座学が主だけど，探究では行動を起こす場面が多く，地域や職業に詳しくなれた

❻「社会」とつながり，「貢献する機会」が増える
- 自分で課題点を考えて，解決策を見いだすことで，社会においてただの傍観者にならなくなる
- 今までより社会に興味を持てたり，社会問題に対して今行われている活動や知らない知識を養えたりする貴重な機会
- 教科の学習は答えがあらかじめ決められているが，探究には答えがないので，社会をよりよくするために身近なことに興味をもち，改善していこうと思う
- 社会人としての意識が養えるプロジェクト（社会の扉は自動で開かず，自分が開き社会を支える意識）
- 教科学習は自分の能力を向上させ，探究は地域や他の人のためにもなる貢献につながる
- 社会と関わりをもった活動ができる　●外部の人と話したりする経験ができる　●エージェンシーの考えを持てる

❼幅広い「知識」が身に付き「視野」が広がる
- 同級生の好きなことや自分が知らなかったことを知れる
- 探究を通して，人の心をより理解することができた
- 舞台を観客側でしか見たことがなかったが，今回のテーマにして観客側の目線・舞台に関係のない人の目線で舞台に触れられたことで，さらなる問題点や気づかなかった細部のことにも気づけた。舞台をみる視野が広がった

❽「PC スキル」と「情報活用能力」が身に付く
- プレゼンソフトやドキュメントが以前よりも使いこなせるようになった
- 論文を書く力　●タイピングが速くなる　●アンケート，学校以外との連携の方法も学べた

❾自分の「弱点」が明確になる
- 他の人の発表を聴いて，自分に足りない力，発想を見つけることができる
- 探究をすることで，今まで気づかなかった自分の新たな側面を知ることができた
- 他の人の優秀な発表を見て自分との差を痛感し，自分に取り込めることも探究の大きな利点
- 多くの人の前で発表したり，他の人から評価されたりすると，これからの自信になる
- 他教科では体験できない企業訪問，プレゼンがあったおかげで，緊張しても何とかなることを知れた

❿日常生活にも「探究的思考」が浸透する
- 福山市の観光の現状を通し，中小都市の人口流出などのテレビ番組に敏感になった。探究の一番の利点だと思う
- 日常生活を見直せる　●「なぜ？」「どうしたらいいのか？」と，実行する勇気がなくても，探究思考になることが増える

2 生徒が感じる「探究の欠点」とは？

　一方，あらゆる取組には長所と短所があります。探究学習も例外ではありません。以下は，生徒が感じた探究学習の課題です。

❶個々の「モチベーション」で成果に差が出る
❷「時間」がかかる
❸「大学受験」と直接の関連性が少ない
❹探究の「目的」や「意義」が分かりにくい
❺探究の「方法や内容」が分かりにくい
❻提案した「解決策」の妥当性が不明
❼個人探究でもグループ探究でも問題が生じる
　（一人だと大変，グループだと人任せに）
❽「PC作業」に多くの時間を割く必要がある
❾成果の「評価」が分かりにくい
❿「先生」によって熱意や対応が異なる

　こうして明らかになった「探究の課題」は宝物です。生徒の声は，自校の取組の大きな「改善のヒント」となります。上記❶〜❿の課題を，よければ皆さんの学校で取り組む際の参考になさってください。

　特に，上記❸の「大学受験との関連性」については興味深い意見もあり，「探究が推薦入試で有利」と感じる生徒もいます。国立大学に推薦で合格した生徒によると，「探究学習が合格につながった」との声も多く聞かれます。様々な活動に主体的に取り組み，大学で必要とされる力や自信を身に付けたことが推薦入試等の大学受験でも有利に働いたのかもしれません。

【（教科学習と比べた）探究のデメリット（生徒アンケートまとめ）】

（生徒アンケート）　教科学習と比べて「探究のデメリット」（困難なことなどのマイナス面）は？

❶個々の「モチベーション」で成果に差が出る
- ●その人のやる気次第で，探究内容に大きな差が出る
- ●個人の取組次第で，活動後に身に付く力に大きな差が生まれてしまう（個人のやる気によって効果が変わる）
- ●個人の意欲差が大きい
- ●費やす時間も人によって違い，クオリティの差が出る（人によって探究の深さが違いすぎる）
- ●興味がないことについて積極的に行動できない（情報収集など）
- ●人によって探究の価値観が違うので，無駄になってしまう場合がある
- ●主体的に行動しなければ，何の成果も得ることができない

❷「時間」がかかる
- ●高校3年生では時間がない（受験勉強との並行が難しい，探究に学習時間が奪われる）
- ●テスト前に丸一日つぶれることもあり精神的に重たい
- ●高2までで終わってくれたらありがたい（高3生の負担にならないようなカリキュラムで）
- ●探究は高2までにして，高3は推薦組だけなど，探究に自由参加（選択）にしては？
- ●計画せずに先延ばしにすると大変　●同じような振り返りが多い　●探究の授業数が少ない

❸「大学受験」と直接の関連性が少ない
- ●推薦入試がない場合はほとんど受験には直接的に関係ない
- ●探究に時間がかかり，勉強がおろそかになる，受験勉強に対する焦りが生じる
- ●時間が少なく追いつめられて，ストレスになる人もいる
- ●どれだけやることに意味があるとしても，受験生にやらせるのは少し酷だと思う

❹探究の「目的」や「意義」が分かりにくい
- ●何の勉強になるのかが分かりにくい

❺探究の「方法や内容」が分かりにくい
- ●教科書がないので，最初にどうしたらいいのかよく分からない
- ●どういうことをすればよいのかあまり理解できていない状態で始める人が多かった
- ●ゴールの想像ができないので最初はやる気が出ない　●課題設定を考えるのが難しい
- ●探究の解決に向けた行動が難しい（どんな行動をすればいいのか分からない，先例が少ない）
- ●時間がかかり，調べ学習や提案だけで終わってしまう可能性もある
- ●アンケートを実施したら，変なことを書かれ，自分のしたことはダメなものなのかもと考えてしまう
- ●コロナ禍だとやりづらい　●教えてもらうことが少なく，自力でしないといけないのでとても労力を使う

❻提案した「解決策」の妥当性が不明
- ●主観的な視点なので，解決策が独りよがりなものになっていないか
- ●自分しかいないので，間違った情報を発信してしまう可能性がある
- ●高校生だけでは解決できないことがある（教育における体罰の問題など）
- ●特定の分野のみが詳しくなり，偏りが生じる（他の分野がおろそかになるかも）
- ●すぐに解決できない　●明確な教養が得られない　●目に見える結果が現れにくく，実感がない

❼個人探究でもグループ探究でも問題が生じる（一人だと大変，グループだと人任せに）
- ●グループだと人に任せきりになり，個人だと全て自分でしなければいけない（大変）
- ●一人で探究するだけだと協働の力を養いづらい
- ●グループだとやる人とやらない人の差が出て，やる人だけストレスがたまり，人に頼めば嫌な顔をされ不快
- ●他の人と違うことをするので，協力しづらい

❽「PC作業」に多くの時間を割く必要がある
- ●論文やスライドの作成に時間がかかり，他の勉強ができない
- ●目と肩が疲れる　●昼は学校で勉強で，夜は遅くまで資料づくり

❾成果の「評価」が分かりにくい
- ●頑張っても評定に関係しない　●テストがないので，自分がどのくらいできているのか分からない

❿「先生」によって熱意や対応が異なる
- ●それぞれの先生や生徒の熱量の違い
- ●生徒各自が独自のことをするので，進度にも違いがあり，先生の対応が大変　●先生の負担が大きい

11章 生徒同士&教員同士のチームワークのアップデート

1 グループや集団には形成過程がある

1 タックマンモデルとは？

探究学習などで「グループ活動がうまくいかない」と頭を悩ませたことはありませんか。そんなときに，知っておくと心の安らぎにつながる考え方があります。それが「タックマンモデル」です。これは，チームやグループが成長する過程を次の4つの段階に分けて考えるフレームワークです。

> ❶形成期：チームができたばかり。目的と各自の役割を学び合う段階。
> ❷混乱期：意見が衝突する段階。ここで問題解決のスキルが磨かれる。
> ❸規範期：ルールやコミュニケーションの方法が確立する。
> ❹成果期：チームが本領を発揮し，目的に向かって効率よく動き出す。

なお，❹の後に「再形成期」（新たな目標や課題，あるいは新メンバーの加入によりチームが再編される段階）や「終末期」（終了後の解散や反省，そして新たな挑戦への準備を行う段階）を加える考え方もあります。

2 タックマンモデルのポイント

以下，ポイントです（具体的な状況や支援例は右頁図参照）。

> ・チームがいつもスムーズに進むわけではない。
> ・一時的に対立しても，組織の発展・成長への一歩と考えよう。
> ・新メンバー加入や目標や任務の変更で，形成期や混乱期に戻ることもある。

3 具体的な支援例

この図を参照すれば，課題支援にも活用できます。「混乱期」の例です。
・意見の違いや対立の解決策の一つは「対話」。意見の主張だけでなく，相手は「なぜその意見なのか」と考えることで価値観を理解できる。
・合意形成には，全員が納得できる解決策（最善策）の発見が重要。

探究活動のグループワークを効果的に進めるためにも，具体的な例を用いながら，タックマンモデルを生徒に事前に伝えておくのも一つの方法です。
・「自分のチームの段階」を知れば，各段階の課題の対処法を考えられる。
・混乱期での焦燥感も一時的なものであると理解し，焦りをやわらげられる。
このモデルは，ビジネスやスポーツ，教師同士の協働にも適用可能です。新たなプロジェクトを進める際に参考になるでしょう。

【タックマンモデル（チームビルディングの形成過程）】

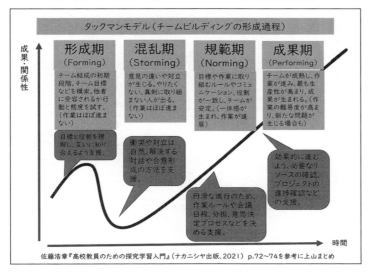

佐藤浩章『高校教員のための探究学習入門』（ナカニシヤ出版、2021）p.72～74を参考に上山まとめ

2 グループ形態別探究の メリット・デメリットは？

1 人数別探究の「メリット」を理解しよう

探究活動では，「個人（ソロ）」でも，2〜3人の「少人数」でも，4人以上の「グループ」でも進められます。

それぞれの形態が持つメリットとデメリットを理解することで，生徒状況の見取りや適切な声かけに役立ちます。

以下に「個人」「少人数」「グループ探究」のメリットをまとめます。

探究人数によるメリット

プロセス	個人（ソロ）で行う探究	2〜3人の少人数での探究	4人以上のグループ探究
課題の設定	自分の興味や関心に基づいて自由に課題を設定できる。	グループ内でのアイデアや意見を共有し，相互に刺激し合い，多様な課題が生まれる。	複数の視点や専門性を活かし，より広範な課題設定が可能となる。
情報の収集	個人のペースに合わせて情報を収集できる。	グループ内での情報共有や分担により，効率的に情報を集めることができる。	複数のメンバーが情報収集を行い，多角的な視点からの情報収集が可能となる。
整理・分析	自身のペースで情報を整理し，独自の分析を行える。	グループ内での意見交換やディスカッションにより，より深い気づきと分析が可能となる。	複数メンバーが情報を共有し，異なる視点から分析が行われることで，より包括的な結果が得られる。
課題解決の実行	自身のアイデアや考えを自由に実行できる。	グループ内での共同作業や協力で，アイデアを実現しやすくなる。	チームの連携や協力により，大規模な課題解決が可能となる。
まとめ・表現	個人の視点や表現力を活かして成果をまとめられる。	グループ内での意見の調和や統一により，複数の視点を組み合わせた成果物が生まれる。	複数のメンバーのアイデアや意見を統合し，多様な表現手法を活用した成果物が作成できる。
振り返り	自身の学びや成果に対して自己評価や反省が深められる。	グループ内での振り返りや意見・助言により，相互の学びや成長を促進できる。	チーム全体の振り返りや評価により，グループのパフォーマンスや効果を把握し，改善点を見つけ出せる。

2 人数別探究の「デメリット」と解決策

次は，人数別探究の「デメリット」と，それを補う「指導の工夫」です。

プロセス	個人（ソロ）で行う探究	2～3人の少人数で行う探究	4人以上のグループで行う探究
課題の設定	アイデアの幅が制約される可能性がある（→アイデア発想をサポートする活動の実施を）。	アイデアや意見の多様性が制約される可能性がある（→ブレインストーミングや話し合いなどの意見交換を促進を）。	意見や意思決定の過程での衝突や対立が発生する可能性がある（→協力やコミュニケーションスキルを育む活動の実施を）。
情報の収集	情報の収集範囲が制約される可能性がある（→リサーチやデータ蓄積など情報の収集の幅を広げる支援を）。	グループ内の意見交換が制約され，新たな視点やアイデアの獲得が難しい場合がある（→タスクの分担や役割設定の支援を）。	コミュニケーションの調整や情報共有が難しく，情報の収集に制約が生じる場合がある（→共有ツールの活用の支援を）。
整理・分析	単独での意見や視点での分析に限定される可能性がある（→分析方法や評価基準の共有を）。	グループ内の意思決定がスムーズに進まない場合がある（→話し合いや意思決定の手法の支援を）。	グループ全体の調和や協力がとれない場合，活動の進行に支障をきたす可能性がある（→コミュニケーションの支援を）。
課題解決策の実行	グループの協力がないため，負担や孤立感が生じる可能性がある（→計画立案や進捗管理の支援を）。	グループ内での意思決定や責任の分担がスムーズに進まない場合がある（→進捗共有やタスク管理のツールの導入支援を）。	コミュニケーションの調整やタスクの分担管理が難しく，実行に支障が生じる場合がある（→プロジェクトマネジメントスキルやチームビルディングの支援を）。
まとめ・表現	個人の視点や表現力に制約が生じる可能性がある（→プレゼンテーションの支援を）。	グループ内での意見の調和や統一が難しい場合がある（→話し合いや調整等の支援を）。	個々のアイデアや意見が埋もれる可能性がある（→個別の役割や責任を持つ形で発表の支援を）。

＊個人（ソロ）探究は，他の形態に比べて一般的に悩みごとが多い（ことを知っておく）
＊グループの人数が多い場合は，少人数のチームを複数作る工夫も可能

11章

3 探究学習を指導する教師の悩みと克服法

1 教師の不安と悩み：探究学習の現場から

探究学習を進めるにあたって，何が教師を悩ませるのでしょうか。

❶方針・進め方が不明確（探究学習の意義や進め方が曖昧）
❷労力がかかる（準備やサポートに時間がかかる）
❸生徒の関心不足（生徒が探究学習に熱心でない）
❹専門外の不安（専門外のテーマだと，どう指導すればよいか分からない）
❺協働のハードル（他の教師との意見や進め方が異なり協働が難しい）

これらの課題の軽減には，チームでの協働が必要です。教師同士の協働には困難が伴うこともありますが，不安に寄り添い，一緒に成長できる同僚性（チームづくり）を築くには，次のような手法があります。

①目的・目標とビジョン
□教育の方向性や，育成したい生徒像，探究の意義を明確にし，共有する。
例）「社会貢献できる生徒の育成」「SDGs への深い理解と行動」等。

②安全な対話の場の設定
□定期的に教師同士で懸念や疑問を共有できる場を設ける。
例）探究授業前後のミーティング等

③相互尊重と「べき論」からの脱却
□他の教員の不安や意見を尊重し，一緒に問題を解決するアプローチを採る。
□「時代が変わったからこの教育は必要。教員なら一緒にやるべき」という

「べき論」ではなく，互いの立場と感じを尊重する対話を重視する（酒井，2023）。

□リーダー自身も不安や疑問を共有し，一緒に解決していく姿勢を見せる。

④**実行可能な解決策の共同作成**

□分からないことを進める具体的なステップを設定し，一緒に進める。

□探究学習の成功体験や失敗体験を共有し，互いに学び合う。

□専門外のテーマや方法に対する不安は，専門家や先輩教員の助言を求める。

⑤**時間管理の工夫**

□負担を減らすための効率的な協働方法，共有ドキュメントなどを活用する。

□お互いの取組状況が見えるようにクラスルームなどで情報共有する。

　協働は単なる仕事分担ではありません。共通の目標に向かい，不安や疑問を共有しながら，一緒に成長することです。以下は組織体制の例です。

探究　組織体制

（1）担当部署・・・教育研究部（各学年2名×3）
　　　　　　　　　　＋探究コーディネーター（本校退職教員）

（2）年度末・・・・各学年の取組を指導マニュアルに
　　　　　　　　　　＊次年度の実施が容易，課題の記録

（3）計画作成・・・前年度3月までに概要作成
　　　　　　　　　　＊前年度の反省・課題を踏まえる
　　　　　　　　　　＊4月に新メンバーで具体案確定

（4）レクチャー・・前年度担当者が次年度の学年会に
　　　　　　　　　　＊前年度作成資料に基づいて

（5）実施・・・・・教研部がプロジェクト一括提案
　　　　　　　　　　＊見通し　＊会議の時短（働き方改革）

（6）アンケート・・生徒と教員から（成果と課題）
　　　　　　　　　　＊年度末に実施し，次年度の改善に活用

4 同僚との協力体制の築き方

1 探究を充実させる体制をどうつくるか？

探究活動では，教科の枠を超えた横断的・総合的な学習が展開され，教科の授業以上に多くの教師が関わる特殊な授業形態です。また，複数の担当者や外部連携等もあり，他の教職員と協働する体制づくりが必要になります。

2 探究の担当部署

探究の時間の「目標」や「役割分担」「授業計画」「教材開発」「研修」などを主に担当する部署を決めます。高校では，進路部や教務部，教育研究部が担当することが多いようです。

総合的な探究の時間の推進担当（コーディネーター）は，学校長のビジョンのもと，各教科をつないでカリキュラムをデザインし，マネジメントを行うミドルリーダー的な役割を果たす人が最適でしょう。

□総合的な探究の時間の「全体計画」「教材開発」「指導案作成」「評価計画」などの主担当を務める。

3 授業担当者会議

探究活動は学年ごとに行われることが多いため，授業前に，目標や授業内容等について共通理解を図りながら展開していくことが多いでしょう。

□担当者会議を週時程／決まった曜日の放課後に位置づける。

□指導案や教材を見ながら，指導法等について相談する。

□毎時間，指導案を出しすぎると，教師も生徒もそれを待ち実行するだけの受け身の姿勢になりやすいので注意する。

（今後の予定や発表計画，それまでに準備することなどを共有しておき，できるだけ担当者や生徒が考えて，動けるようにする）

□悩みや困りごとの相談など研修の場にもなる（あたたかい雰囲気づくりを）。

4　情報共有

定期的な集まりで学び合う以外にも，日常の互いの取組からも学べることも多いです。他のグループから具体的な取組を積極的に学び合いましょう。

□ Google Classroom の各グループに，学年の授業担当者全員が加入する。

□各グループの成果物や発表資料を共通フォルダに入れて互いに参照する。

□成果物の中間発表を行い，途中段階で他グループの様子や進捗を知る。

□グループの活動を Google サイト等でまとめて公開する。

5　教員研修

授業担当者の指導力向上を目的に，教員の研修会を行います。学習指導要領のポイントを確認する，課題と感じる内容について研修する，各学年の取組を報告する。さらに，視察報告会や外部講師による講義などもあります。

□総合的な探究の時間の「目標」や育成したい「資質・能力」について

□探究プロセスにおける生徒が出会う壁やその乗り越え方について

□全体計画，年間指導計画，単元計画の内容について

□各教科・科目，特別活動とのリンクの仕方について

□評価（パフォーマンス評価やポートフォリオ評価等）について

□外部との連携・校外活動の安全確保について

□ ICT の活用や，SDGs（持続可能な開発目標）との関連について

こうした研修には，本書の内容をお役立ていただけたらと思います。

ただし，授業前後の「教師の打ち合わせ」は必要ですが，指導案から何から何まで詳細すぎる指示を毎回提供すると，教師と生徒も受け身になりがちです（主体性の削減）。詳細な指示だけでなく，「こうするとよいかも」という考えを共有するインフォーマルな会話も有効です。

5 探究学習における教師の具体的な役割は？（伴走とは？）

1 伴走の重要性：「教える人」から「ともに学ぶ人」へ

　探究学習における教師の役割は，「教える」よりも，生徒の探究的な学びに「伴走する」ことが大切です。酒井（2023）を参考にまとめます。

　探究学習は生徒が「自分で問いを立て，その解決に向かう学び」です。教師が答えを先に教えてしまうのではなく，生徒自身に解決のプロセスを経験させることが大事です。言い換えれば，教師は「伴走者」として，生徒が自分で考え，行動するそばにいることが求められます。もっとも，この役割は「簡単そうで難しい」ものです。自分の専門分野でついつい詳しく教えてしまいがちですが，専門外のテーマでは，これが逆に伴走力を養うよい機会です。専門外のテーマのときは，「教師がすべての答えを知っておく必要はない」「分からないことがあれば生徒と一緒に調べるとよい」と心がけておきましょう。

2 探究学習における教師の2つの役割とは？

　探究学習における教師の役割は様々提唱されていますが（佐藤（2021）では8種類），私は覚えやすいように，次の2つが大切だと考えています。

●リーダー（伝統的な教える役割）
●ファシリテーター（生徒の意見を引き出し，学びを深める役割）

通常，探究学習では「ファシリテーター」として行動しますが，活動が停滞する，人間関係がうまくいかないなど，何か問題が発生した場合には，しっかりと，介入度の高い「リーダー」の役割に切り替えることも必要です。ただし，その際も，生徒自身の学びを犠牲にしないように注意します。

3 伴走するとは，どういうことか？

生徒の探究的な学びに伴走する，ファシリテーターとしてふるまうとは，具体的にどうすることでしょうか。「生徒自ら探究サイクルを進めていこうとする力を育てること」に主眼を置き，次のような役割を担うことです。

□質問で考えを深める
　例）「その問題はどんな視点で考えると面白い？」
□参考情報を提供する・アドバイスする
　例）「この専門家の意見はどうだろう？　興味ある？」
□共に学ぶ
　例）「私も詳しくないから，一緒に調べてみよう」「私にも教えて」
□メンバーを引き入れる
　例）「～さんも意見を聞かせて」「～さんも参加してみない？」
□多角的な視点を提示する
　例）「それは経済的には面白いけど，環境や社会にどう影響する？」
□応援する
　例）「よく頑張っているね」「それはいいアイデアだよ」

大切なのは，「すべてを知っていて，指導しなければならない」という考えよりも，「分からないことがあれば，生徒と一緒に学んだり専門家を探したりする姿勢を持つこと」です。生徒にとって，共に考えてくれる教師の存在は価値があります。生徒の学びのプロセスのサポートが教師の役目であると捉え，そうした意識で取り組むことが望ましいでしょう。

12章　探究学習の日常への応用

1 教科で探究学習を取り入れるコツ

1 探究と教科をつなぐ重要性

　探究学習と教科の学習を分けて考えていませんか？　実は，これらは密接に関連しています。学校全体で育てたい力，例えば「主体性」や「課題発見・解決力」を高めるには，教科と探究をうまく連携させることが必要です。

　学習指導要領にも，「各教科・科目等における見方・考え方を総合的・統合的に活用する」「教科・科目等の学習と教科・科目等横断的な学習を往還することが重要（ともに p.13）」と書かれています。

　学校全体で育てたい力を共有し，各教科の学びを探究に活用し，探究の学びを各教科につなげるなど，教育活動全体で育てていきましょう。

2 探究と教科をつなぐ現実的な 2 つのアプローチ

　探究と教科をつなげるのに，現在，現実的なアプローチは次の 2 つです。

> ア）探究の内容を各教科で補強する
>
> 　例）「地域の再開発」についての探究を各教科でサポートする
>
> イ）教科で探究的な学習を行う（探究的な教科学習）
>
> 　例）数学（や地歴）で実世界の問題解決に取り組む

3 「ア）探究の内容を各教科で補強する」とは？

　例えば，「まちづくり」をテーマにした探究学習では，各教科がそれぞれの方法で生徒の探究プロセスを支えることができます。学習指導要領解説

（pp.107-108）を参考に各教科ができることを表形式でまとめます。

地歴・公民科	現地調査，インタビューや文献調査を行い，資料活用の方法を活かして情報を収集する。
数学・情報科	統計の手法を用いて，データを整理し，効果的な図表に示す。
国語科	複数の資料を参照して考えを深め，論述・議論を行う。 文章の書き方を活用し，目的や相手に合わせて説得力のある文書を作成する。
理科	生物の知識を用いて，自然の変化を観察・実験し，生態系の保全計画を立てる。
芸術科	学んだ技法を活用して，ポスターやイラスト，マスコットを制作する。
外国語科	外国語の学習を活用して，外国人観光客への案内や掲示，パンフレットの作成を行う。

こうした教科の学びを，探究活動に意識的に活かしていくとよいでしょう。

4 「イ）教科で探究的な学習を行う（探究的な教科学習）」とは？

もう一つは，「探究的な教科学習」です。「学習指導要領解説（p.10）」を参考に一部加筆し，総合的な探究の時間と教科の探究の違いをまとめます。

	総合的な探究の時間	教科の探究
探究の内容	特定の教科や科目に限らず，実社会や実生活に存在する複雑な事象を横断的・総合的に探究	教科や科目内での理解を深めるための探究
目的	複数の教科や科目の見方・考え方を統合し，実社会や実生活の複雑な問題を多角的に俯瞰して考察	教科や科目の理解を深めること
取り組む課題	明確な解決策がすぐに明らかにならない課題や，唯一の正解がない課題への取組	既に設定されている問題やトピックへの取組
課題の設定	生徒主導で，生徒自身が課題を発見し，教科や科目を横断して学習	基本的に教師が課題を設定し，教師主導で進行

総合的な探究の時間は，生徒の主体性を中心に，教科横断的な探究活動を指し，教科の探究は特定の教科・科目の深い理解を目的とした活動を示しています。豊かな教育課程実現のために両方のアプローチが必要です。

　料理にたとえるなら，総合的な探究はオリジナルの料理を作る楽しさに，教科の探究は既存のレシピに基づく料理の工夫を楽しむことに似ています。

5　「調べ学習」で終わらずに「探究的な教科学習」に導くには？

　田中（2021）によると，下記の探究的な学習の10の特徴（❶〜❿）から3〜5つを取り入れると「調べ学習」が深い「探究的な教科学習」に発展します（❶〜❿の例は「まちづくり」をテーマに上山が追記）。

❶問題意識を持ち，自ら問いを設定する。

　例）地元の商店街の閉店増。原因を探り，どう活性化するか問いを設定。

❷自律的な学習を行う。

　例）自ら商店街に出かけ関係者と話し，意見や要望を収集する。

❸課題解決や仮説検証を行う。

　例）空き店舗を活用し，イベント開催で活性化を試みる。

❹主体的な資料の探索と検証をする。

　例）既存のデータや他地域事例を調べ，応用の可否を検証する。

❺多様な学び方を学ぶ。

　例）先行事例調査，現地ヒアリング，外国の事例を学ぶ。

❻概念化と具体化の往還をする。

　例）活性化理論を学び，まちづくりの具体的アクションに適用する。

❼自己や社会と関連づけて価値づける。

　例）地域の魅力を再発見し，社会の一員としての役割を感じる。

❽自己修正，自己評価，学習改善をする。

　例）イベントの結果から，次回の活動改善や新アイデアを検討する。

❾自己形成，自己成長を推進する。

例）まちづくりでリーダーシップやコミュニケーション能力を育成する。

❿新しい探究課題を設定する。

例）商店街活性後，子どもや高齢者との交流場を探究する。

これを参考に，学期に1〜2つの重点単元を選び，2〜3時間追加で配当し，探究的な教科学習に取り組むことから始めてみてはいかがでしょうか。

例えば，私の英語授業では，ユニバーサルデザインに関する単元で，本文の学習で終わらず，生徒がまちに出かけ，使いやすさにおけるまちの課題を発見し，改善策を英語でプレゼンするミニプロジェクトに取り組みました。

単元末課題（ミニプロジェクト）の内容

【英語版】
Are you excited for the "Transforming Our City and School" project? We want to make our town and school easier for everyone. Let's share our ideas with interesting presentations and pictures.

Our aim is to help create sustainable cities and communities (SDG 11). The best ideas will be sent to Fukuyama City and our school, representing the voices of high school students. This isn't just a task, it's action for real change! This can lead to real changes. It's time to shape the world and make a big difference! We can't wait to hear your amazing ideas to improve our community. Let's work together to make it even better!

【日本語版】
❶L.3ではTransforming Our City and School（町や学校を変える）プロジェクトに取り組んでみましょう！

❷街（や学校）に出かけ，改善した方がいい箇所（場所・施設・表示等）を見つけ，皆にとって使いやすくなるアイデアを，画像付きでプレゼンしましょう。

❸優れた提案は，高校生の声として福山市や学校に提出され，現実の改善につながります。自分たちの手で社会に変化を起こしませんか？SDGs11（街づくり）に貢献するアイデアを期待しています！

生徒が発見したのは，フェンスの欠如，バスの段差，道路の不鮮明な速度表示，階段のみの駅（ベビーカーだと困難）などの問題点です。

この活動は，次頁の図のように，「問題の特定」→「問題点の説明」→「解決策の構想」→「プレゼンの準備・実施」→「投票と選出」までのステップで進行。総合的な探究の時間に学んだ探究プロセスの力を，教科の学習

で積極的に活用しようという意図での取組です（探究的な教科学習）。

> ## Transforming Our City and School
> ## （町や学校を変える）プロジェクトのステップ例
>
> 以下のステップでプロジェクトに取り組むことで，市内の問題を特定し，
> アイデアを提案するプロセスを効果的に進められます。　　　探究と教科との連携
>
> ❶問題の特定　Problem Identification and Selection
> 　市内を探索し，改善が必要な個所を見つけ，（先方の許可を得て）撮影しましょう。
> （自宅付近でも駅付近でも可。市内が難しければ校内もOKです）
>
> ❷問題点の説明　Problem Analysis
> 　選んだ問題の問題点を説明しましょう。できればこのときに，付近の人の声を調査しそ
> れらを含めると説得力がより高まります。
>
> ❸解決策の構想　Solution Brainstorming
> 　問題に対する具体的な解決策を考えましょう。改善案やアイデアをいくつか考えて，実
> 現可能なものを選びましょう。
>
> ❹プレゼンの準備・実施　Presentation Delivery
> 　自分の考えた解決策を，写真や図表を使って，わかりやすく伝えましょう。自信を持って
> 発表し，他者に影響を与えて，考えや行動が変容することまでを目指しましょう。
>
> ❺投票と提出　Voting and Submission
> 　互いのアイデアを見て投票し，優れたアイデアを選びましょう。上位アイデアは福山市や
> 学校関係者に提出され，実際の改善に反映される機会を得る現実的な学びです。

英語科における探究的な教科学習の例は，上山（2022）をご参照ください。

6　探究的な教科学習における特徴ある学習活動

　それでは，各教科・科目では，どのような探究的な教科学習に取り組める
でしょうか。稲井（2023）は，「教科型で進める探究学習（例）」を紹介して
います（次頁参照）。これらは定型ではなく一例であり，探究学習の基本的
な考え方は共有しつつも，具体的な方法は統一せず，各自が自由に工夫して
進め，気づいた点を情報交換する緩やかな連携を推奨しています（例は，各
教科の教員と相談し上山が追記したものです）。

　こうした学習活動の例は，各教科の探究的な内容を具体的に考える際に参
考になります。ただし，最適な探究内容は，授業の目的や生徒の発達段階，
教育環境などによって異なるので，それらを踏まえた上で探究的な教科学習
の内容等をデザインされることをオススメいたします。

【探究的な教科学習における学習活動例】

探究的な教科学習における学習活動例	
以下は，各教科における探究学習の例。これらを探究的な教科学習を考える際のヒントにしていただきたい。	
国語・外国語	・複数の資料から必要な情報を評価・取捨選択したうえで活用し，文章，図表を用いた資料，レポートなどにまとめる。情報を加工して発信する。 　例）近年のニューストピックや流行のテーマを選び，そのテーマに関する複数の記事やレポートを読む。これらの情報から意見や事実を絞り込み，自らの視点で短いレポートを作成する。
地歴公民	・社会的事象の中から課題を見つけ，資料を活用するなどして，多面的・多角的に考する。考えを整理し，まとめる。 　例）地域の過去の歴史的な出来事や変化を調査するプロジェクトを行う。地域の歴史を元に，その地域の未来をどのように考えるかを論じるエッセイを書く。
数学	・数学的なものの見方・考え方を働かせ，課題の解決のための筋道を立ててプランを練り，考察したり解決したりする。 　例）現実の問題，例えば公共交通の効率や経済データの解析などを数学的にアプローチする。データを元に解析し，その結果を元に提案や解決策を考える。
理科	・自然事象をとらえ，解決のためのプロセスを構想し，実験・観察・フィールドワークなどを通して解決を図る。 　例）実際に生徒が興味を持つ現象（例：スマートフォンの画面が水に濡れたときの模様）をテーマに，実験や観察を行い，その科学的背景を探究する。
音楽・美術	・ねらいやイメージ，発想を言語化する。自己の構想に従って表現を工夫しなから創造する。 　例）異なる文化や時代の音楽や芸術作品を取り上げ，その背景や意義を生徒が調査し，新しい作品を作成する。その過程で，自分の感じたことや学んだことを言語化し，表現する。
保健体育	・自ら課題意識をもち，自己のパフォーマンスについて分析し，運動技能の改善を図る。 ・健康課題について考察し，解決の方向性や解決策を考える。 　例）スポーツテストの結果分析を基に自分の健康状態や運動能力の状況を確認し，改善する方法を調べて実践する。
家庭	・生活上の課題や問題点を見つけ，よりよい解決の方向性や解決策を考える。 　例）実際に直面している家庭の問題や生活の課題（例：スマートフォンの過度な使用，夜更かし，フードロス）をテーマに，解決策や新しいライフスタイルを考え，実践する。

＊稲井達也（2023）『はじめての高校探究』（東洋館出版社）で，稲井が「定型でなくあくまでも一例」として示した「教科型で進める探究学習（例）」を基に，上山が各教科の担当者と確認して具体例を追記し，表形式にまとめたもの。

2 修学旅行もプチ探究に
（オリジナルガイドブックづくり）

1 修学旅行にも探究の要素を

　ここでご紹介する取組は，修学旅行とリンクしたプチ探究です。修学旅行は楽しみながら学ぶ絶好のチャンスですが，訪問先で多くの気づきを得るには，事前の準備が不可欠です。かといって，現地の文化や歴史を一斉授業で学ぶだけでは，学びは表面的で，定着度も高くないかもしれません。

　そこで，提案したいのが，クラスごとにオリジナルガイドブックを作る活動です。各生徒が現地に関する興味を持つテーマを調べて（他の人と重ならないように），その情報をクラスでガイドブックにまとめます。旅行前にクラス発表をして皆で知識を深めて，ガイドブックを現地に持参します。経験や気づきをメモするなど，振り返りにも活用し学びを深めます。

2 指導の手順

①本取組について「ガイダンス」を行う（書き方の留意点，モデルの確認，テーマ決定）。

　【ねらい】多様な情報を分析し自分なりの視点でまとめて読者が体験したくなるレポートを作成する（レポートはクラス別に冊子化し現地に持参する）。

・内容は，どこかのサイトのコピペにならないようにする。
　複数の出典を基に情報を「比較」「関係を説明」「予測」「提案」など，高次な学習になるようにする（p.177 4 ⓫参照）。
・読者が「体験したい」と思う内容や呼びかけにする。
・できるだけ人と異なる，多様な内容にする（ニッチなテーマを推奨）。

> ・他者とテーマを重ねないためには，決まった人から書き出し，それと重ならないように他の人がテーマを考え，最終的に全員が違うテーマとする。

②夏休み等に，生徒は自宅でレポートを作成する。
　オンラインで提出する。教師はクラス分を印刷して冊子化（製本）する。
③レポート集を使って，各クラスで「発表会」をする（1人1分間等）。

> ・発表を聞きつつ，ポイントやオススメ情報をワークシートにメモする。
> ・発表時間は，生徒の人数で調節する（全員が1時間で終わるように）。

　教師は，レポートと発表内容から，「多様な情報を分析し自分なりの視点でまとめて読者が体験したくなるレポートを作成する」について，ルーブリックを基に評価する。
④（修学旅行中）各ページの下に関連する体験や気づきをメモする。
⑤関心のあるテーマについて見聞したメモを使ってレポートを作る。

【修学旅行ガイドブック　目次】

「修学旅行探究レポート」クラス発表会＆目次作成			
_____ 年 _____ 組 _____ 番 名前 _____			

【発表】 ◆1人1分　◆各発表のポイントやオススメ情報をメモ　◆提出→返却後は冊子の「目次」ページに貼る（目次完成）。

No	氏名	テーマ	内容のポイントやオススメ情報
1			
2	事前に入力して印刷	発表を聞きながら記入する（レポート内容への意識を高める）	発表を聞きながらメモする（ポイントや自分がオススメされた意識しておきたい情報）
3			
4			
5			
6			
7			
8			
9			

先輩が作成したレポート例（沖縄）
探究活動　ケースメソッド（事例研究）

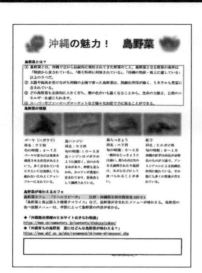

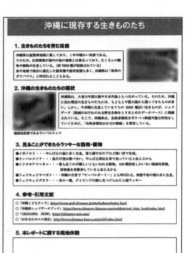

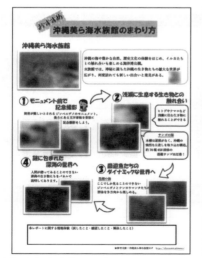

（修学旅行）プチ探究レポート
『修学旅行先をリサーチし，クラスオリジナルレポート集を作ろう！』

1　調査＆課題研究レポートの目的

　修学旅行先（沖縄）の生活，自然，文化，教育，言語，ビジネス，政治，風習などの中から何らかの課題意識を持ち，自分自身でその課題解決に向けて主体的に調べることにより，①現地への関心・理解を深め，②情報の調べ方やまとめ方，発表の仕方などを身につけ，③参加者（生徒）が知っている情報量を増やすことで，より充実した修学旅行にするきっかけとする。

2　夏課題について

❶沖縄について，各自で「A4・1枚」のレポートを作成する。（iPadで作成）
❷提出期限は8月31日（木）。各クラスのクラスルームにオンライン提出する。
　＊クラス発表（9月20日）に向けて，冊子等の印刷をするため，期日内にできた人から提出する。
❸レポートをまとめたクラスレポート集は，クラス発表（9／20）に用いて現地情報を得るとともに，修学旅行に向けての関心・理解度を高めるのに活用する。現地にも持参して活用する。

3　レポート作成について

❶先輩が作成したレポート例を見たり説明を聞いたりして，レポート作成イメージをふくらませる。
❷各自で調査したいテーマを決めて作成する。
　【テーマ例】沖縄の●●とは？（多様性の観点から，できるだけ人と異なるニッチなテーマが好ましい）
　□政治　□経済　□歴史　□文化　□芸術　□食文化　□人柄　□遊び　□言葉　□生活　□お金　□教育　□他
　＊【他者と異なるテーマの決め方（例）】各クラスでスプレッドシートを準備する（生徒番号，名前，お題等）。
　　決まった人からお題等を入力する（7月中など）。それがそのままクラスレポート集の目次にもなる。

4　レポート作成の留意点

❶レポートはA4で1枚とする。
❷レポート一番上に自分でタイトルをつける（タイトルや装飾は個人でキャッチーなものを工夫する）。
❸タイトル下（右横）に，生徒番号と自分の名前を明記する。
❹フォントや大きさは，各自で読みやすく工夫する。
❺不適切な表現（ネガティブな表現を含む）は使わない（そのまま印刷してクラスレポート集となる）。
❻書き言葉（公式の文章や作文用）で書く（話し言葉は使わない）。
❼文字だけでなく画像や図表を必ず入れる。（自作以外の借り物はすべて出典を明記すること）
❽ネット検索を用いる際は，次の点に注意すること。
　□「コピー＆ペースト」は禁止：サイトからコピペして自分のレポートにすることは違反（盗作）。
　　基本的に自分で「要約」して簡潔に記述する。参考・引用した箇所には出典を明記する。
　□1つだけのウェブサイトではなく，複数のウェブサイトで調べ，情報の正確性を確保すること。
　　（ネット情報は誰でもアップできるため，書籍より正確性が低い。公的機関のサイトはより信頼性が高い）
　　If you steal from one author, it's plagiarism; steal from many, it's research. (Wilson Mizner)
　　（一人の著者から盗むとそれは盗作だが，たくさんの著者から盗むとそれは研究だ）
❾参考にしたサイトや書籍は，レポート下部で「参考・引用文献」として必ず明記する（2つ以上）。

本	山田 美鈴著『マレーシアで暮らしたい！マレーシア「ロングステイ」公式ガイドブック』（講談社）	・書名は『　』でくくる。
新聞	『中国新聞』2023年5月8日朝刊「社説」	・新聞名は『　』でくくる。
サイト	「沖縄子どもランド」（沖縄県公式ウェブサイト）https://www.pref.okinawa.jp/site/kodomo/index.html	・アドレスも明記

❿レポート一番下に，「本レポートに関する現地体験（試したこと・確認したこと・解決したこと等）」という名のコーナー（メモ欄：2〜3行）を設ける。修学旅行中（後）に記入し研究と経験を結びつける。
⓫レポートの内容は，どこかの情報をそのまま掲載する「浅い」内容（Iレベル：Ideas記憶）ではなく，できるだけ「深い」ものにする。ICEモデルで深くするコツ：（Cレベル：Connectionsつながり）AとBを「比較する」or「両者の関係を説明する」，or（Eレベル：Extensions広がり・応用）「データをもとに今後の動きや解決策を予測・提案する」

3 身近な場面（校内や生活場面）でも課題解決を図る生徒に

　探究学習に取り組む生徒には，学校だけでなく日常生活でも「問題点」や「不便なこと」に目を向け，その本質的な原因を考え，解決策を見つけて実行し，よりよい社会づくりに貢献する思考法を身に付けてもらいたいです。探究学習は，持続可能な社会の創り手を育成する教育の一環です。

1　学校内外できる課題発見・解決行動

●学校のゴミ問題

　ゴミの分別がしきれていない場合，原因として「分別の方法が分からない」ということがあります。このような状況に対して，委員会やクラス単位で，生徒が「ゴミ分別キャンペーン」を主催することができます。

●大教室の机がいつも整頓されていない（バラバラの状態）

　大教室の机が整理されていない場合があります。「床に机を合わせる印がないこと」が原因の場合は，床にテープで印を貼ります。体育科にメジャーを借りて机の位置を算出します。しかし，机の番号が分からずに着席に時間がかかる新たな問題が生じ，その対応策も考えます（p.179上図参照）。

2　家庭でできる「朝の準備時間不足」問題

　毎朝，時間に追われている場合，準備不足が原因かもしれません。前日の夜に必要なものを整えておくことで，忙しい朝もスムーズです。

3　地域でできる「ゴミ問題」

　公園や駅前でゴミが散乱している場合，ゴミ箱が足りないと判断した場合，地方自治体に報告することで，問題解決につながる可能性があります。

【大講義室でのプチ探究プロジェクト】

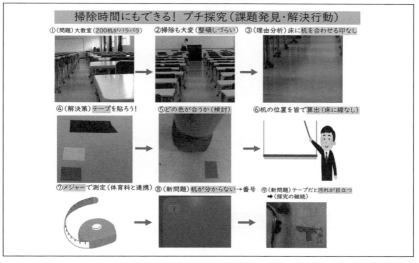

掃除時間にもできる！プチ探究（課題発見・解決行動）

①（問題）大教室（200机がバラバラ）　②掃除も大変（整頓しづらい）　③（理由分析）床に机を合わせる印なし

④（解決策）テープを貼ろう！　⑤どの色が合うか（検討）　⑥机の位置を皆で算出（床に線なし）

⑦メジャーで測定（体育科と連携）　⑧（新問題）机が分からない→番号　⑨（新問題）テープだと汚れが目立つ ➡（探究の継続）

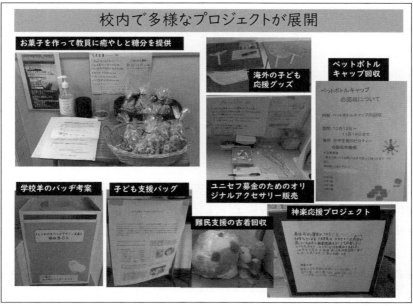

校内で多様なプロジェクトが展開

お菓子を作って教員に癒やしと糖分を提供

海外の子ども応援グッズ

ペットボトルキャップ回収

学校羊のバッヂ考案

子ども支援バッグ

ユニセフ募金のためのオリジナルアクセサリー販売

難民支援の古着回収

神楽応援プロジェクト

4 探究学習と進路指導
―2つはどうリンクするのか？

1 探究がキャリア形成に影響する

探究と進路指導は「教育の両輪」であり，効果的に結びつけると，学びの車は前へ進むと専門家が指摘しています（がもう，2018）。以下では，同書を参考に具体的なメリットとつながりについて概観します。

2 探究学習で，生徒個々への理解が深まる

探究学習は，生徒と教師との距離を縮め，進路指導にも利点があります。

●生徒との距離が近い（個々に向き合う，生徒4～5人に教師1人など）
●興味・関心や考え方を理解しやすい（テーマ設定や振り返りに個が出る）
●生徒の力（理解度，コミュニケーション力や表現力）が見えやすい
●生徒と信頼関係を結びやすい（部活動における顧問との関係に近い）

このように，生徒個々を理解し，進路相談などもしやすい関係を築けます。

3 探究の経験を大学進学に活かす

高校時代の探究は，結果的に主体性や探究心を測るためのエビデンスとしても使われることがあります。例えば，大学入試等での活用例です。

●自己推薦書に発表歴や受賞歴，探究の概要を書き込む，探究成果となるポスターの縮尺版やレポートを添付する
●推薦入試の志望理由等で，興味を持って取り組んだ探究と，各プロセ

　重要なのは，「入試のために探究する」のではなく，「自分の進路に関する探究に本気で取り組むことで，結果的にそれが進路にもよい影響を与える」という考え方です。

4　進路指導で探究学習をどう活かすか

　探究学習の成果を意識的に進路指導に活かす方法もあります。

●自分の進路に関連するテーマや内容で探究学習を行う
●探究学習が進路にも活きるという先輩の声を紹介する（p.154参照）
●探究のプロセスや成果を記述し資料を残す（ポートフォリオ作成）
●インターンシップやボランティアなど外部活動に参加し見聞を広める
●探究テーマを追究するため，「〇〇大学〇〇学部を目指す」と言える

　こうした工夫により，探究学習の成果を進路指導に結びつけ，生徒の可能性を広げることができます。次の生徒はそうした生徒の例です。

進学の志望理由にも探究やSDGsの視点が

■志望理由

　私は小学生の頃からファッションデザイナーという職業に興味を持ち，それから様々な形でファッションに触れていくうちに，スタイリストになりたいという夢を抱きました。

　また，高校では，総合的な探究の時間を通してファッションに深く調べていくなかでファッションビジネスにも興味を持つようになりました。だから私はスタイリングからビジネスまで幅広く学びたいと思い貴校を志望しました。

■高等学校等での活動状況

　高校では，総合的な探究の時間を通してファッションを深く調査し，「ファッションビジネス」にも興味を持つようになりました。高校2年時の探究活動では，「環境を破壊することなくファッションを楽しむために ～サステナブルファッションの拡大～」というテーマで取り組みました。ファッションと繊維業界が多くの問題を抱えていること，そしてそれが消費者まで伝わっていない事実を知り，少しでも改善できる方法はないかと考えたからです。

　活動の中でユニクロに取材に行かせていただき，ユニクロが行っているサステナブル活動などについて教えて頂きました。その結果，高校とユニクロと共同で難民支援のための古着回収を実施しました。思っていた以上に，校内の多くの生徒と先生方が協力して下さり，企画の立ち上げから実行に至るまで，多くの学びを得る経験となりました。

■興味を持っている課題・学習

　私はかつては「スタイリング」だけを勉強すればいいと思っていましたが，高校での探究活動をSDGsとも関連付けて進める中で，世界で起きていることやファッションビジネスのこと，これからのファッションや繊維業界の在り方にも興味を持つようになりました。

　例えば，海外では広く受け入れられているサステナブルファッションや活動は，まだ日本ではあまり普及していないので，その拡充方法として，今後新しいファッションのデザインやビジネスについて，自分のこれまでの探究内容をさらに深く掘り下げて学びたいです。

■入学後の目標・将来の夢

　（略）

13章 探究学習の評価

1 「総合的な探究の時間の評価」のポイント

1 評価の3つの目的：クリアな方向性で効果的な評価を

「探究の評価が難しい」という声があります。数値評価が簡単ではなく，さらに，生徒にどんな力が身に付いたのかが見えにくいからでしょう。

研修などで評価の議論をしてもうまくかみ合わないことがあります。そのときは，評価の目的を確定させてから話すと，議論がうまく進みます。

評価には次の3つの目的が考えられます（酒井，文科省，2023参考）。

❶説明責任（指導要録に評価の記録を残すため）

生徒がどのような課題に取り組み，どのような観点でどのような資質・能力を身に付けたのかを文章で評価し，指導要録に記録する。

❷学習の改善（生徒のため，評価を伝えて生徒の次の学びの改善に資する）

探究プロジェクトの時々で，生徒に個別の具体的な意見・助言（アドバイスやルーブリック）をすることで，今後の改善点にしてもらう。

❸指導の改善（教師のため，よりよい教育活動につなげるため）

生徒の振り返りや教師の振り返りを基にプロジェクト全体を振り返り，効果的な部分と改善が必要な部分を評価し，次回以降の目標や計画に反映させる。

2 学習の改善につながる評価のコツ

生徒の学習に資する「学習の改善のための評価」は，探究プロジェクトを進めている生徒には不十分だと感じている人もいるようです（佐藤，2021）。

「学習の改善」に資する評価のポイントを挙げてみます。

●評価場面を多く設定する（最後の発表会の１回だけでなく途中にも）
●明確な評価基準を設定し事前に共有する（「プロセス」「成果物」「協働」等）
●中間指導を行う（最終発表会の前に途中段階で評価し戦略を修正する）
●自己評価と相互評価を行う（多角的な視点から意見・助言）
●結果だけでなく具体的な改善点や強みを共有する（次のステップへの指針）
●ポートフォリオを活用する（学びの過程や成果を可視化，軌跡を振り返る）
●個人面談を行う（一斉指導中でも個々の生徒と対面で話し合う）

　こうしたポイントを組み合わせることで，評価は単なる「結果判断」ではなく，学習のプロセスを深化させるための重要な手段となります。

3　学習指導要領から学ぶ評価の精髄

　探究的な学習の時間における評価で大切なことは，学習指導要領解説に書いてあります。ただし，探究の担当者以外では，「解説は買ったけど，まだ十分には読めていない」という先生方もいらっしゃるかもしれません。

　この状況を克服するために，学習指導要領の評価の部分（第10章）のポイントをまとめてみました。こうした資料を先に読んでから，学年会で議論をすると，ベクトルがそろい，効果的な議論がしやすくなります。

　評価の目的の❷❸については，本書の随所で見てきました。次は❶の指導要録に残す評価について見てみましょう。

【総合的な探究の時間の評価のポイント】

「総合的な探究の時間の評価」のポイント（指導要領解説第10章より）

文責　上山晋平

第1節　学習評価の充実

・学習評価は，生徒の学習状況を評価するものである。

・学習評価で求められるのは，次のことである。

　①「生徒にどのような力が身に付いたか」という学習の成果を的確に捉えた上で，②教師が指導の改善を図るとともに，③生徒が自らの学びを振り返って次の学びに向かえるようにすること

　（学習評価＝①学習成果の把握，②指導と③改善に活かす）

■総合的な探究の時間の評価

・教科のように数値的に評価することはしない（指導要録でも評定は行わず，所見等を記述する）。

・活動や学習の過程，報告書や作品，発表や討論などに見られる学習の状況や成果などについて，生徒のよい点，学習に対する意欲や態度，進歩の状況などを踏まえて適切に評価する。

第2節　生徒の学習状況の評価

■学習評価のポイント

学習評価に当たっては，次の2つのことを頭に入れて取り組む。

　①学習状況の評価をすることで，個々がどう成長しているか，資質・能力が育まれているかを捉える。

　②生徒の良い点や進歩の状況等を積極的に評価することで，生徒が学習の意義や価値を実感し，自己の在り方生き方に自信をもって一層高めていけるようになること。

■学習評価の研修

各教師が生徒の学習状況を適切に捉えられるように以下のような研修を行う。

・評価の解釈や方法等を統一する。

・評価規準や評価資料を検討して妥当性を高める（モデレーション）。

1　探究の評価の観点の在り方

（1）探究の評価のポイント

各学校で観点を設定し，それらの観点のうち，学習状況に顕著な事柄がある場合などにその特徴を記入するなどして，生徒にどのような資質・能力が身に付いたのかを文章で記述する（数値的に評価しない）。

（2）観点別学習状況の評価

学習指導要領・総合的な探究の時間の目標（第1の目標）を踏まえ，各学校の目標，内容に基づいて定めた観点による観点別学習状況の評価を基本とする。

（3）目標と観点を設定

各学校で設定した目標を実現するにふさわしい探究課題と探究課題の解決を通して育成を目指す具体的な資質・能力を示した内容が設定される。この目標と内容に基づいた観点を各学校で設定する。

（4）具体的な資質・能力は，以下の「3つの柱」に配慮する

①知識及び技能について

他教科等及び総合的な探究の時間で習得する知識及び技能が相互に関連付けられ，社会の中で生きて働くものとして形成されるようにすること。

②思考力，判断力，表現力等について

　　課題の設定，情報の収集，整理・分析，まとめ・表現などの探究の過程において発揮され，未知の状況において活用できるものとして身に付けられるようにすること。

③学びに向かう力，人間性等について

　　自分自身に関すること及び他者や社会とのかかわりに関することの両方の視点を踏まえること。

2　評価規準の設定と評価方法の工夫

・数値的には評価しない（どのような資質・能力が身に付いたのか文章で記述する）。
・期待する資質・能力を生徒が発揮している具体的な生徒の姿を評価規準として描く（設定する）。
・加えて，評価方法や評価場面を適切に位置付ける。
・評価の方法で大切なのは次の３つ

> ①信頼される評価であること
> ②多面的な評価の方法であること
> ③学習状況の過程を評価すること

（1）信頼される評価とする工夫

　　例）あらかじめ教師間で評価の観点や評価規準を確認しておき，生徒の学習状況を評価する。
　　　　（人によって大きく異なったり偏ったりしない）

（2）多面的な評価の方法とする工夫

・生徒の成長を多面的に捉えるために，多様な評価方法や評価者による評価を組み合わせる。
・成果物の出来栄えをそのまま評価とすることは適切ではない，その成果物から生徒がどのように探究の過程を通して学んだかを見取ることが大事である。
・多様な評価の方法の例は，次の通り。

> ・プレゼンテーションやポスター発表，総合芸術などの表現による評価
> ・討論や質疑の様子などの言語活動の記録による評価
> ・学習や活動の状況などの観察記録による評価
> ・論文・報告書，レポート，ノート，作品などの制作物，それらを計画的に集積したポートフォリオ（小学校中学校からの蓄積があると望ましい）による評価
> ・課題設定や課題解決能力をみるような記述テストの結果による評価
> ・評価カードや学習記録などによる生徒の自己評価や相互評価
> ・保護者や地域社会の人々等による第三者評価　など

（3）学習状況の過程を評価する工夫

・結果だけでなく過程を評価するには，評価を終末だけでなく，事前や途中に計画的に位置づける。

> 例）学習活動前：生徒の実態の把握
> 　　学習活動中：生徒の学習状況の把握と改善
> 　　学習活動終末：生徒の学習状況の把握と改善

・すべての過程を通して，把握した生徒の実態や学習状況を適切な指導に役立てる。
・グループとしての学習成果に着目するのではなく，一人一人の学びや成長の様子を捉える。
・そうした個人内評価を行うためには，一人一人が学習を振り返る機会を設ける必要がある。

13章

2 探究の評価マニュアル―指導要録の記述術

1 通知表・指導要録への記載内容

探究学習の学習内容や評価を「指導要録」に記載する際は，「学習内容」「観点」「評価」の３つを記します（通知表は各学校の判断）。例です。

学習活動	観点	評価
地元企業の課題解決を通じてよりよい社会をつくろう	知識・技能 思考力・判断力・表現力 主体的に学習に取り組む態度	廃棄野菜を活用した加工品づくりでは，多くの情報の収集やフィードワークを通じてフードロス削減の重要性を理解した。また，グループを代表して企業の方に分かりやすく提案した。

2 指導要録の記入ポイント

指導要録に探究の評価を記載するポイントを見てみましょう。

●公的な資料を読み込む

評価にあたっては，きちんと公的な資料の内容を踏まえることが大切です。『高等学校学習指導要領解説』と『「指導と評価の一体化」のための学習評価に関する参考資料（高等学校編）』などの該当部分を読み込み，ポイントを理解します。

●評価のポイント

・生徒の成長，資質・能力の育成，よい点を積極的に評価する
・目標・内容に基づいて「観点」を設定する

- ・観点別学習状況評価を行う（顕著なことがある場合などに特徴を記す）
- ・評価の具体的な記述文を公的資料から読み込み，イメージする
  （ただし，学校保管用の「指導要録」と大学提出用の「調査書」は，システムにより文字数制限がある場合もある。必要に応じモデルをアレンジする）

3 記入作業の効率化：共有と協力

指導要録の記入を効率化し楽にするための具体的な工夫を挙げてみます。

①担当者が原案を作成する

総合的な探究の時間の担当者が，公的な資料に基づき，評価の作成方法を提案します。評価の書き方（文章例）や語数，入力フォームなど，共通のルールを設定します。

②学年会で原案を基に内容の検討をする

原案をもとに分掌や学年会等で話し合いをし，必要な修正を加えます。

③確定版は早めに共有する

評価の入力には時間がかかるので，早い段階で確定版を共有します。

④各担当教員が評価の記述文を作成・校正する

担当者は，評価の文言（提案済）に基づき，諸々の評価資料（ルーブリックや観察メモ，生徒の振り返りシート等）を参考に評価文を考え校正します。

このとき，入力済みの他の教員の記録を参考にすることで，自身の指導要録の改善点や新たなアイデアを見つけることもできます。

⑤同僚のサポート

同僚から相談や質問があれば，共同で解決策を探しましょう。そして，締切前には全体の進捗状況を確認し，声かけをするなどサポートします。

同僚と共有し，意見や意見・助言を得ます。

⑥担当者が学年全体の文言を確認・修正して，起案する

これらについてまとめた校内資料（著者作成）を次頁に掲載します。

【探究の評価マニュアル】

新学習指導要領における探究のマニュアル（通知表・指導要録兼用）

1　総合的な探究の時間の目標

「総合的な探究の時間」は、探究の見方・考え方を働かせ、横断的・総合的な学習を行うことを通して、自己の在り方生き方を考えながら、**より よく課題を発見し解決していくための資質・能力を育成する**。
（≒課題発見・解決能力）

2　学習指導要領から学ぶ「評価のポイント」（学習指導要領解説 pp.134-136）

探究の評価をする際は、次のようなポイントに留意して行う（以下は原典をもとに、上山が要約したもの）。
①学習評価をすることで、生徒がどう成長しているか、資質・能力が育成されているかを評価する。良い点や進歩の状況を積極的に評価することで、生徒が学習の意義や価値を実感し、在り方生き方に自信をもち一層高めていけるようになることが肝要。
②各学校が観点を設定し、その趣旨を明らかにし、観点のうち、学習状況に顕著な事項がある場合などに特徴を記入するなど、**どのような資質・能力が身に付いたのかを文章で記述する**。
③目標（学習指導要領と各学校）、内容（目標を実現するにふさわしい探究課題とその解決を通して育成を目指す資質・能力を示した内容）に基づいて定めた観点による観点別学習状況評価を基本とする。
④3観点における配慮事項は、次の通りである。

知識及び技能	相互に関連づけられ、社会の中で生きて働くものとして形成
思考力・判断力・表現力等	課題の設定、情報の収集、整理・分析、まとめ・表現などの探究の過程において発揮され、未知の状況において活用できるものとして身に付けられるようにする
学びに向かう力、人間性等	自分自身に関すること及び他者や社会とのかかわりに関することの両方の視点を踏まえる

⑤探究の評価で大切な3つのこと

❶信頼される評価の方法	人によって評価が著しく偏らないように、およそどの教師も同じように判断できる評価に（あらかじめ評価の観点や規準を確認し、それに基づいて学習状況を評価するなど）
❷多面的な評価の方法	多様な評価方法や評価者（プレゼンやポスターなどの表現、討論や質疑など言語活動の記録、学習や活動状況の観察、論文やレポートなどのポートフォリオ、生徒の自己評価や相互評価、保護者や地域社会の人々による第三者評価など）
❸学習状況の過程を評価する方法	結果だけでなく、事前や途中などの過程も評価（学習前の実態把握、活動中の把握と改善、週末の学習状況の把握と改善）

3　「指導と評価の一体化」の資料（参考文献）から学ぶ評価のポイント

⑥3観点とその趣旨（p.29）　★重要★（評価前によく読んで観点の趣旨をご理解ください）　＊下線部＝キーワード

観点	知識・技能	思考・判断・表現	主体的に学習に取り組む態度
趣旨	探究の過程において、課題の発見と解決に必要な知識及び技能を身に付け、課題に関わる概念を形成し、探究の意義や価値を理解している。	実社会や実生活と自己との関わりから問いを見いだし、自分で課題を立て、情報を集め、整理・分析して、まとめ・表現している。	探究に主体的・協働的に取り組もうとしているとともに、互いのよさを生かしながら、新たな価値を創造し、よりよい社会を実現しようとしている。

⑦指導要録：「学習活動」及び「評価」に「評価の観点」を加えた3つの欄で構成した新たな参考様式となっている。学習活動及び評価の観点を記入した上で、それらの観点のうち、生徒の学習状況に顕著な事項がある場合などにその特徴を記入する等、生徒にどのような力がついたのかを文章で記述する（p.30）。
⑧評価の例
●「指導と評価の一体化」資料（p.58）より

	学習活動	観点	評価
A	町民の健康寿命を延ばすために	知識・技能 思考・判断・表現 主体的に学習に取り組む態度	A）高齢者とともに取り組むトレーニングでは、各種の統計調査や先行研究などから、健康寿命を延ばす効果と安全を理解し、科学的な根拠をもったトレーニングの内容と方法を考えた。持続可能な自己の取組を明らかにして、今後も高齢者の健康寿命を延ばすために貢献しようとしている。
B			B）まちなか元気ステーションでの健康教室では、町民の健康や福祉の向上のために、様々な人や組織が関わっていることを理解した。健康教室の改善のために、行政や医療職、介護施設職員等と協働して健康寿命の向上に取り組もうとしている。

＊各学校で定める評価の3観点は、生徒の成長や学習状況を分析的に評価するためのもの。
＊評価資料を集積しておくことが重要（学習状況の記録、生徒の作品などの保存）。
＊観点別評価は、毎回の授業ではなく、単元などのまとまりごとに、実現状況が生徒の姿となって表れやすい場面、全ての生徒を見取りやすい場面を選定する。

● ほっかいどうスクールネット「総合的な探究の時間」資料より

	学習活動	観点	評価
A	地域の自然環境の課題解決のために	知識・技能 思考・判断・表現 主体的に学習に取り組む態度	A）地域の自然環境の問題点の分析では、各種の統計調査や先行研究などから、自然環境の保全の重要性を理解し、科学的な根拠をもった課題解決の方策を考えた。今後も継続可能な自己の取組を明らかにして、地域の自然環境に課題意識を持ち続け、その解決に向けて貢献しようとしている。
B			B）「地域の自然を考える会」では、地域の自然環境の保全の重要性を理解し、研究内容に応じて適切に実地調査を実施して分かりやすく発表した。地域の自然環境の保全のために、行政や地元の企業等と協働して持続可能な自然環境の保全活動に取り組もうとしている。
C			C）「研究発表会」では、自ら実施した調査や各種統計調査を分析して検討した地域の自然環境保全に関する課題の解決方策について、表現方法を工夫しながら分かりやすく発表した。今後も継続して地域の自然環境保全に取り組むため、更に研究を続けようとしている。

4 本校における観点別評価

⑦具体的な評価作業
（1）共有フォルダから「評価入力用のエクセルファイル」を自分の PC にコピーする。
（2）生徒が記入したグループ全員分の「振り返りシート」を準備する。
（3）評価における「学習活動」とは、単元名のこと（例：町民の健康寿命を延ばすために）で、全員共通（入力済）。
　　本年度の案）地元企業の課題解決を通じて持続可能な社会をつくろう
（4）評価の文言を考える。
　　ア）評価文を記述する際は、字数に注意する。（例年は 60 文字。本年度は 90 〜 100 字）
　　　　＊本校の校務支援システムでは通知表や指導要録に反映できる字数に限りがあり、その字数内で3観点全てを記入することは文字数的に難しいので、特に顕著な観点を1〜2つ取り上げ（思判表を中心に）記述する。
　　イ）上記顕著な観点を選ぶ際は、生徒が評価シートで選んだものの1つは入れること（生徒も納得する評価に）。
　　　　＊振り返りシートの右ページ中間にある、「自分が最も力を入れて頑張ったプロセス」を参照する。
　　　　＊「各取組の頑張り度」（5段階）も、生徒の頑張りプロセスを選択する際の参考になる。
　　ウ）評価の際には、次の「3観点評価で使える文言」を活用する。（大変便利）
　　　　生徒が振り返りシート（A3・1枚）で記述した内容をもとに、以下の文例を参考に作成する。

3観点	趣旨分類	評価の文言例
知識・技能 ＊語尾「〜した」	❶知識	□〜が重要であると理解した（考えた、分析・検討した）。
	❷技能	□〜について正確に情報を収集した。
	❸探究の意義や価値	□〜であることに気づいた。
思・判・表 ＊語尾「〜した」	❹課題の設定	□適切に課題を設定した（計画立案、検証方法考案）。
	❺情報の収集	□目的（課題）に応じた情報を収集し類別して蓄積した。
	❻整理・分析	□情報を分析した（因果関係を推測した、考えをもった）。
	❼まとめ・表現	□図表を使って、意見を分かりやすく、論理的にまとめた。 □次の探究学習に向けての改善点をまとめた。
主体的に学習に取り組む態度 ＊語尾「〜しようとしている」	❽自己理解・他者理解	□探究を通して、自己との特徴に向き合おうとしている。 □（同上）異なる意見を受け入れ尊重しようとしている。
	❾主体性・協働性	□真摯に課題に向き合い、解決に取り組もうとしている。 □自他の良さや特徴を生かしながら、協働して探究に取り組もうとしている。
	❿将来展望・社会参画	□自己の在り方生き方を考えながら、将来社会の理想を実現しようとしている。 □社会の形成者としての自覚をもって、社会に参画・貢献しようとしている。

　　　　＊調査書での負担軽減のため、今回の各文の語尾は「過去形」とする。（上記の主体では「〜しようとしている」という例➡「〜した（例：向き合った）」と記述する。
　　エ）グループの中から誰か一人の評価文を作成し、それを参考に他者のものも作ると短時間で作成できる。
　　　　例）廃棄野菜を活用した加工品づくりは（★探究の活動・場面を記載）、多くの情報収集やフィールドワークを通じてフードロス削減の重要性を理解した（★知識・技能）。また、メニューを試作しアンケートを行うなど、根拠をもった課題解決の方策を分かりやすく提案した（★思判表）。
　　　　＊ただし、グループ全員が類似表現になることは避け、各自の頑張りを具体的に反映させるようにする。
　　オ）評価文には、具体的な企業名は入れない。　例）「JA 福山市」でなく、書くなら「食と農に関する企業」など
　　カ）作成した文章は、保護者や外部に出ても大丈夫なように読み直して修正してください（文字数の確認も）。
　　キ）自分のファイルの記載を、全体ファイルにコピーする際は、他の人の上書きにならないように注意してください。
（参考）●高等学校学習指導要領解説　総合的な探究の時間編
　　　　●「指導と評価の一体化」のための学習評価に関する参考資料　高等学校　総合的な探究の時間
　　　　●ほっかいどうスクールネット　総合的な探究の時間（http://www.koukou.hokkaido-c.ed.jp/tebiki/r3/r3sougoutekinatankyunojikan.pdf）

REFERENCES　　参考文献

書籍

- 安彦忠彦（2014）『「コンピテンシー・ベース」を超える授業づくり（教育の羅針盤）』（図書文化社）

- 石川一喜・小貫仁編（2015）『教育ファシリテーターになろう！―グローバルな学びをめざす参加型授業』（弘文堂）

- 稲井達也（2023）『はじめての高校探究』（東洋館出版社）

- 岡本尚也編著（2021）『課題研究メソッド　2nd Edition―よりよい探究活動のために』（新興出版社啓林館）

- 小笠原喜康・近藤たかし（2020）『マンガでわかる　大学生のためのレポート・論文術』（講談社）

- 奥住桂・上山晋平・宮崎貴弘・山岡大基（2022）『目指せ！英語授業の達人42　4達人が語る！至極の英語授業づくり＆活動アイデア』（明治図書）

- お茶の水女子大学附属中学校編（2018）『自分の"好き"を探究しよう！―お茶の水女子大学附属中学校「自主研究」のすすめ』（明石書店）

- がもうりょうた（2018）『探究実践ガイドブック』（七猫社，ヴィッセン出版）

- 神田昌典監修，学修デザイナー協会編著（2023）『探究の達人―子どもが夢中になって学ぶ！「探究心」の育て方』（実業之日本社）

- 後藤芳文・伊藤史織・登本洋子（2014）『学びの技―14歳からの探究・論文・プレゼンテーション』（玉川大学出版部）

- 齋藤顯一監修（2023）『サクッとわかる　ビジネス教養　問題解決』（新星出版社）

- 酒井聡樹（2013）『これから研究を始める高校生と指導教員のために―研究の進め方・論文の書き方・口頭とポスター発表の仕方―』（共立出版）

- 酒井淳平（2023）『探究的な学びデザイン　高等学校　総合的な探究の時間から教科横断まで』（明治図書）

- 佐藤浩章編著（2021）『高校教員のための探究学習入門―問いからはじめる7つのステップ』（ナカニシヤ出版）

- 田中淳一（2022）『地域の課題を解決するクリエイティブディレクション術』（宣伝会議）

- 田中博之編著（2021）『高等学校　探究授業の創り方　月刊高校教育2021年12月増刊』（学事出版）

- 地域・教育魅力化プラットフォーム編（2019）『地域協働による高校魅力化ガイド―社会に開かれた学校をつくる』（岩波書店）

- 苫野一徳（2019）『「学校」をつくり直す』（河出書房新社）
- 中村寛大著・小寺圭監修（2023）『挑戦する教室—実践が生徒を熱中させる』（武久出版）
- 中園大三郎・松田修・中尾豊喜編著（2020）『小・中・高等学校　総合的な学習・探究の時間の指導—新学習指導要領に準拠した理論と実践』（学術研究出版）
- 西岡加名恵・大貫守編著（2023）『高等学校「探究的な学習」の評価—ポートフォリオ，検討会，ルーブリックの活用』（学事出版）
- 泰山裕編著（2023）『「思考ツール×ICT」で実現する探究的な学び』（東洋館出版社）
- 林創・神戸大学附属中等教育学校編（2019）『探究の力を育む課題研究—中等教育における新しい学びの実践』（学事出版）
- 藤原さと（2020）『「探究」する学びをつくる—社会とつながるプロジェクト型学習』（平凡社）
- 藤原さと（2023）『協働する探究のデザイン—社会をよくする学びをつくる』（平凡社）
- 文部科学省（2019）『高等学校学習指導要領（平成30年告示）解説　総合的な探究の時間編』（学校図書）
- 文部科学省（2023）『今，求められる力を高める総合的な探究の時間の展開（高等学校編）』（アイフィス）
- 渡辺光輝・井上嘉名芽・辻史朗・林孝茂・前多昌顕（2022）『逆引き版 ICT 活用授業ハンドブック』（東洋館出版社）

オンライン資料・ウェブサイト
- 溝上慎一の教育論（ウェブサイト）「（用語集）習得・活用・探究」 http://smizok.net/education/

その他
- 大阪大学佐藤浩章氏による「高校教員のための探究学習指導セミナー（入門編・応用編）」（2018年8月・12月）
- 啓林館「課題研究セミナー（探究指導を考える）」in 岡山（2019年3月2日）
- 大修館「オンラン探究教材 Actual セミナー」2021年11月7日
- トモノカイ「冬の探究サミット第5回「探究の進め方のコツ　ぎゅっとまとめてお伝えします」2020年12月23日
- 広島県教育委員会「2023年度学校魅力化コーディネート力養成研修（1～3回）」（2023年）における柚木泰彦氏（東北芸術工科大学）と佐々木隆行氏（山形県立山形東高等学校）による発表

【著者紹介】

上山　晋平（かみやま　しんぺい）

1978年広島県福山市生まれ。広島県立福山誠之館高等学校卒業後，山口大学教育学部入学。2000年からオーストラリア・キャンベラ大学に交換留学。その後，庄原市立東城中学校，中高一貫校の福山市立福山中学校に勤務。2009年から同校の高校教諭となる。英語教育・達人セミナーや研究会，校内研修，学会，ALT研修会等で発表を行う。著書に，『英語トリオ・ディスカッション指導ガイドブック』，『英語リテリング＆ショート・プレゼンテーション指導ガイドブック』，『4達人が語る！至極の英語授業づくり＆活動アイデア』，『改訂版　高校教師のための学級経営365日のパーフェクトガイド』，『英語4技能統合型の指導＆評価ガイドブック』，『授業が変わる！　英語教師のためのアクティブ・ラーニングガイドブック』，『45の技で自学力をアップする！　英語家庭学習指導ガイドブック』，『授業で使える全テストを網羅！　英語テストづくり＆指導完全ガイドブック』（以上，明治図書），『Think & Quest キミが学びを深める英語1・2』（共著，ラーンズ），『はじめてでもすぐ実践できる！中学・高校 英語スピーキング指導』，『ニガテな生徒もどんどん書き出す！中学・高校英語ライティング指導』（以上，学陽書房）などがある。月刊『英語教育』（大修館）で2015〜2017年に連載担当。中学校検定教科書『Here We Go！』（光村図書）編集委員。大修館『オンライン探究教材アクチュアル』編集委員。文科省「ESD（持続可能な開発のための教育）の手引（令和3年5月改訂）」有識者。ESD や SDGs を取り入れ，校外機関と連携を行い，タイのバンコクでのユネスコの国際会議でプレゼンを行うなど，新しい教育，学校づくりに励んでいる。

高校教師のための「探究学習」ガイドブック

2024年2月初版第1刷刊 ©著　者	上　　山　　晋　　平
発行者	藤　　原　　光　　政
発行所	明治図書出版株式会社

http://www.meijitosho.co.jp

（企画）木山麻衣子（校正）丹治梨奈

〒114-0023　東京都北区滝野川7-46-1
振替00160-5-151318　電話03(5907)6702
ご注文窓口　電話03(5907)6668

＊検印省略　　組版所 株式会社木元省美堂

Printed in Japan　　　　ISBN978-4-18-288220-3
もれなくクーポンがもらえる！読者アンケートはこちらから